尚珩 程长进 关琪 著

明清以来蔚县庄堡寺庙调查与研究

第六册 研究编

上海古籍出版社

第六册目录

插 图 目 录

插 表 目 录

第二十四章　蔚县庄堡调查与研究

第一节　概　　述

著名古建专家罗哲文先生曾这样评价蔚县境内的古城堡："在世界的东方,存在着人类的一个奇迹,这是中国的万里长城。在长城脚下,还存在着另一个奇迹,那是河北蔚县的古城堡。"[1]蔚县号称有"八百庄堡",这一数字是蔚县人祖祖辈辈流传下来的。与此同时,还有数量众多的寺庙、民居等古建筑。

民国时期,蔚县所属的察哈尔省政府首次对蔚县境内的城堡进行了调查,相关调查成果收录于《(民国)察哈尔省通志》[2]中。新中国成立后,20世纪80年代的第二次全国文物普查调查了蔚县境内的城堡等古建筑,相关资料收录于《中国文物地图集·河北分册》中[3]。2006~2009年全国长城资源调查时,受当时对长城的认知和调查范围的影响,蔚县境内的城堡未纳入调查范围。2009年的第三次全国文物普查再次调查了蔚县境内的古城堡,但相关调查成果并未公开出版。

2007~2019年间,我们对现今蔚县所辖796座村庄进行了调查,调查结果显示,全县曾修建有481座庄堡(历史上属于蔚县,如今属于其他县的村庄和彻底消失无法考证的村庄未计算在内),尚存425座庄堡,如表24.1。

表 24.1　蔚县现存庄堡数量统计表

乡　镇	村庄(居民委员会)	庄堡(总数)	庄堡(现存)
蔚州镇	29	7	6
涌泉庄乡	38	31	30

---

〔1〕 林胜利:《找寻蔚县古堡》,北京大学出版社,2011年,第7页。
〔2〕 宋哲元:《(民国)察哈尔省通志》,国家图书馆藏1935年铅印本,第6~14页。
〔3〕 国家文物局:《中国文物地图集·河北分册》,文物出版社,2013年。

乡　镇	村庄（居民委员会）	庄堡（总数）	庄堡（现存）
代王城镇	30	28	24
宋家庄镇	62	31	29
暖泉镇	16	12	8
杨庄窠乡	45	36	32
南岭庄乡	24	33	29
西合营镇	42	46	37
南杨庄乡	22	20	20
下宫村乡	51	27	25
南留庄镇	29	29	29
阳眷镇	35	10	8
白草村乡	42	12	12
陈家洼乡	24	20	18
黄梅乡	17	19	18
吉家庄镇	51	30	23
桃花镇	48	22	17
常宁乡	17	8	4
白乐镇	25	27	18
柏树乡	41	11	11
草沟堡乡	76	1	1
北水泉镇	32	21	16
合　计	**796**	**481**	**425**

　　需要说明的是，这481座是现今蔚县行政区内在历史上曾经修建的庄、堡类建筑的总数。它与"蔚县八百庄堡"存在数据差，主要原因是：首先，在地域范围上，"八百庄堡"所包含的蔚县行政区范围大于现今蔚县行政区范围；其次，在数字统计方法上，"八百庄堡"并非单纯指修建庄堡类建筑的村庄，很多村庄的组成常出现"X堡X庄"的模式，但是当地仅修建城堡，庄却是没有修建庄墙类建筑的开放性村庄，因此，可以说"八百庄堡"的范围包含了清代蔚县境内的全部的庄和堡，而481座仅是其中修建的庄堡类建筑的统计数字。

第二节　庄堡的兴建与演变

一、庄堡兴建的历史背景

至正二十八年(1368)闰七月二十八日,元顺宗妥欢帖木儿率蒙古贵族主动撤出大都。八月初二日,明军攻克大都。北归后的蒙古在大漠南北继续维持统治,仍以"大元"为国号,史称"北元"或"明代蒙古"[1]。但是,代元而立的明朝并未拥有天下,而面临严峻的边防形势。元顺帝"北出渔阳,旋舆大漠,整复故都,不失旧物,元亡实未始亡耳",仍保存着完整的统治机构,拥有强大的军事力量,"引弓之士,不下百万众也,归附之部落,不下数千里也,资装铠仗,尚赖而用也,驼马牛羊,尚全而有也"[2]。再加之山西有扩廓帖木儿,陕西有李思齐,各"骑兵十万,步兵倍之"对汗廷忠心耿耿;张良弼、孔兴、脱列伯等分据陕甘,各拥兵不下万人;辽阳有也先不花、洪保保、刘益、高家奴分守,虎视眈眈,窥视中原;梁王拥兵十万割据云南,与汗廷遥相呼应,掣肘明军北向,从而对明朝形成了三路钳制、南北呼应的战略态势[3]。另外,北元在中原仍有社会基础,时人视元朝为正统王朝,朱元璋也不例外,在夺取政权前后发表的檄文中,虽谴责元末腐败,但肯定元朝的正统地位和大一统功绩。因此,元朝在一些士大夫心目中仍是正统,因而继续得到中原部分地主以及蒙古诸王的支持,这使得朱明王朝面临严重威胁。《皇明北虏考·序》概括了这种形势:"当是时,然犹伏我障圉,残我吏民,掩我将校。皇子元侯,树藩开府,周匝三垂,选练士马,周防曲备,羽檄南弛,殆无虚日。"[4]

明朝建立后,北部边防问题始终是关乎明廷盛衰的关键性问题,因此,明廷沿北部边境设置了一系列军镇。洪武五年(1372)明军北征失败,明与北元进入对峙时期,朱元璋认识到一时无力统一大漠南北,因而开始调整战略,放弃全面进攻,而是采取积极防御政策,实施"整体防御"[5],在沿边地区建起了一条东西呼应、相互声援的防线[6]。防线东起辽东,经大宁、开平、大同、东胜,西至宁夏、甘肃,控制了长城外的山川险隘。明廷初步建

〔1〕　胡钟达:《明与北元—蒙古关系之探讨》,《内蒙古社会科学》1985年第5期。曹永年:《明代蒙古史编纂学札记》,《内蒙古大学学报》1988年第3期。蔡美彪:《明代蒙古与大元国号》,《南开学报》1992年第1期。薄音湖:《北元与明代蒙古》,《内蒙古大学学报》1994年第1期。

〔2〕　谷应泰:《明史纪事本末》,中华书局,1977年,第149页。

〔3〕　达力扎布:《北元初期史实略述》《内蒙古社会科学(文史哲版)》1990年第5期。

〔4〕　郑晓撰:《皇明北虏考》《明代蒙古汉籍史料汇编(第一辑)》,内蒙古大学出版社,2006年,第191页。

〔5〕　韦占彬:《朱元璋的边防思想及其对明代边防的影响》,《邯郸学院学报》2005年第4期。

〔6〕　谭其骧:《中国历史地图集》,中国地图出版社,1996年。

立起一整套边防防御体系[1]，并强调"边境安则中国无事，四夷可以坐制"。朱元璋还确立了都司卫所的基本军事体制，同时修建城池镇守各地，作为边防的重要依托。蔚州城于洪武七年(1374)甃砖，号称"铁城"。

但是随着永乐—宣德年间，大宁、兴和、开平诸地的弃守，"弃地三百里，尽失龙岗、滦河之险，边备益虚"[2]，明朝北边防线内徙，宣府、大同镇成为边地，其战略空间也相应缩小。东胜卫的弃守造成河套地区长城以北原有卫所尽皆废弃，等于自动放弃了对河套地区的守御，遂使河套地区成为蒙古部落入犯内地的跳板。由此，"东胜失守，云、玉中徙，一墙之外豺狼所噑。三云以内赤白之丸不绝于道"[3]，宣大两镇完全暴露在蒙古铁蹄之下。

洪熙、宣德年间，明廷在北方防务上陷于消极防御境地，对蒙古入侵势力已经拙于应付，并且"宣德以后，将官渐肆贪侈，剥削军士，武备日渐废弛"[4]，北方防务每况愈下。正统时期，最高统治者昏庸无能，朝政腐败，不重视北方防务。边镇军屯被破坏，军粮匮乏，士兵逃亡，防务废弛。因而瓦剌入侵时，明廷仓促应战，明军惨败的厄运亦在所难免。

"土木之变"让明廷元气大伤，此役之后，明朝已无力出塞讨伐蒙古，转入全面防御。"景泰、天顺而后，云中、应、朔之区时时备虏，嘉靖则无岁不蹂践为战场矣"[5]。正德年间，蒙古在中兴之主达延汗的经营下，各部已从分裂走向统一联合，势力大盛，而且其战术也有长足进步，非往日可比[6]。相比之下，明军的弱点暴露无遗。明人对此深有感悟："况丑虏之谋之势殊非昔日，如架梁哨高台、营布阵皆效中国，至如盔甲旗牌，彼亦得诸抢夺而用之，奸细探访又或过我，我军之虚实强弱无有不先知者。"[7]随着蒙古的逐渐强大，其与明朝的军事冲突也愈发频繁。

面对日益严峻的边防压力，朝堂上下纷纷提出以防御为主的战略方针，认为"中国之御夷狄，无所事乎攻，惟守与战而已。盖寇在外则据险而守，寇在内则提兵而战，守为策之善，而战非吾之利也"[8]，形成了"固守边疆"的全面防御政策，特别是先后任用余子俊、马文升、刘大夏为兵部尚书。依靠这三个人的努力，一条以"守为长策"的战略防御方针得以确立并延续，这也为边防设施的修建确立了思想基础。

---

[1] 赵立人：《洪武时期北部边防政策的形成与演变》，《史学集刊》1994年第4期。赵毅、胡凡：《论明代洪武时期的北部边防建设》，《东北师大学报(哲学社会科学版)》1998年第4期。
[2] 龙文彬：《明会要》，中华书局，1956年，第1215页。
[3] 王士琦：《三云筹俎考》，《明代蒙古汉籍史料汇编(第六辑)》，内蒙古大学出版社，2009年，第332页。
[4] 李峰、张焯：《明实录·大同史料汇编》，北京燕山出版社，2008年，第136页。
[5] 王士琦：《三云筹俎考》，《明代蒙古汉籍史料汇编(第六辑)》，内蒙古大学出版社，2009年，第383页。
[6] 纳古单夫：《蒙古马与古代蒙古骑兵作战艺术》，《内蒙古社会科学》1994年第4期。
[7] 费宏等：《明武宗实录》，"中研院"历史语言研究所1962年校勘本，第89页。
[8] 陈子龙等：《明经世文编》，中华书局，1962年，第181页。

余子俊于弘治元年(1488)十二月提出以宣、大为中心的边防总体战略防御方针。他认为"宣府、大同极临虏境,国家安危实系于此"。这是一条以守为中心的防御策略,它是在充分估计了敌人进攻的多种可能的基础上制订出来的战略方针,应当说是知己知彼、切实可行的计划。防御的重点是宣大,这与明初洪武、永乐时期的防御重点相比没有任何变化,最大的变化是转攻为守。这是明廷军事战略的一个重大转变,从而对正统以来边防日趋紧张的局势做了一个总结,以至于最后成为明代中后期最高统治集团处置边防的指导思想。

　　在这一政策指引下,明廷开始大规模修建和整饬长城防御工事,开始以边墙作为防御蒙古的主要手段。但是随着明廷的日益腐败,"边将日以怠忽,益肆贪婪,耽于宴乐,军马操练,惟务虚名,斥堠不谨,烽燧不明,虏入则获厚利,交战辄被损伤,职此故也"[1]。边防形势日益恶化。

　　进入嘉靖朝,特别是嘉靖中后期,明朝高层统治者争权夺势,围绕内阁首辅之权,阁臣之间明争暗斗,造成决策人物更迭,政局动荡,吏治腐败。明廷对边防和民族的政策,往往出于政治原因而不是国家利益和战略上的考虑。世宗对北边防务和"蒙虏"之事,深感棘手,若非军情紧急,认为最佳的政策是回避、封锁、断绝往来,以免滋生事端[2],致使明廷在如何处理蒙古问题上缺乏明确、连续的思路[3]。

　　嘉靖十三年(1534)俺答汗求贡,明朝认为"其情多诈,难以轻信",而蒙古"以不得请为憾,遂拥众十余万入寇"[4]。此时的蒙古土默特部首领俺答汗经过多年用兵,征服了宿敌瓦剌,又瓜分了兀良哈万户。其"部落十余万众,明盔甲者三万有奇,马四倍之,牛羊什倍之"[5],进入全盛阶段。从嘉靖十七年(1538)开始,其对明朝的袭扰次数日益频繁,规模日益增大。"嘉靖中,俺酋猖獗,遂令邑无完雉,堡尽血磷,边氓褫魄,则惟窃出从虏耳"[6],最终导致"庚戌之变"。

　　"庚戌之变"是明中期的重大事件,是明朝在"土木之变"百年后经历的又一次严重危机。面对俺答汗日趋频繁而猛烈的进攻,明廷防守之策日见计穷,无力抵御。幸与当年瓦剌期以恢复大元天下——"志在中原"这一政治层面上的"土木之变"不同的是,此时的蒙古俺答汗对明廷的战争在于满足自身生存需要——"志在通贡"这一经济层面上,因此沿边的人口密集、经济发达的"内地"多为蒙古垂涎之地。边地安全形势的日益恶化,以宣府

〔1〕 李东阳等:《明孝宗实录》,"中研院"历史语言研究所1962年校勘本,第2431页。
〔2〕 唐玉萍:《明朝嘉万时期对蒙政策探论》,《社会科学辑刊》2002年第6期。
〔3〕 于默颖:《明蒙关系研究——以明蒙双边政策及明朝对蒙古的防御为中心》,内蒙古大学博士学位论文,2004年。关于政局动荡对嘉靖朝民族政策的影响,参见刘祥学:《明嘉靖年间的政局变动对民族政策的影响》,《内蒙古社会科学》2002年第1期。
〔4〕 张居正等:《明世宗实录》,"中研院"历史语言研究所1962年校勘本,第3209页。
〔5〕 薄音湖、王雄:《明代蒙古汉籍史料汇编(第二辑)》,内蒙古大学出版社,2006年,第94页。
〔6〕 王士琦:《三云筹俎考》,《明代蒙古汉籍史料汇编(第六辑)》,内蒙古大学出版社,2009年,第332页。

镇南路的蔚县为代表的内地居民纷纷筑城自保自守,掀起了筑城高潮。

穆宗即位后,调整了应对政策,并对边防进行了整顿[1]。他对以往的对蒙政策做了总结和反省,认识到连年战争给明蒙双方都带来了深重灾难,进行政策上的转变已是形势所需,"彼近边驻牧,则分番夜守,日防我兵之赶马捣巢;远抢番夷,则留兵自守,时被我兵之远出扑杀,在虏既未遂安生,故游骑不时近边,扰我耕牧,大举每岁窥逞,劳我慎防,在我亦无时懈备。华夷交困,兵连祸结,故思一容通贡,各遂保全"[2]。明廷在对蒙政策上出现了重大调整和转变,这为数年后实现明蒙议和、俺答封贡提供了一个基本政治条件[3]。

发生在隆庆四年(1570)的"俺答封贡"是中国古代边疆史和民族关系史上的重大事件。"俺答封贡"结束了自明初以来蒙古各部与明王朝之间近200年兵戎相见的战争局面。俺答汗受封后向明廷宣誓永不犯边,明朝也申令今后禁止捣巢、烧荒,停止招徕逃民,使汉族居民得以安心生产。

万历六年(1578),巡按直隶御史黄应坤奉命巡视宣府、大同等地,感慨道:自俺答"款贡以来,八年于兹,朝廷无北顾之忧,戎马无南牧之傲,边氓无杀戮之惨,师旅无调遣之劳,钱粮无浩繁之费。两镇边垣,屹有成绩,官民城堡,次第兴修。客饷日积于仓,禾稼岁登于田野,凡此孰非款贡之利哉。"万历十八年(1590)"许通款贡,已二十年,各边保全生灵何止百万"[4]。神宗也视蒙古各部为中华一家,"番人也是朕之赤子,番人地方都是祖宗开拓的封疆。"[5]此后双方和平相处40余年,宣大地区未发生大规模战事,而是"九边生齿日繁,守备日固,田野日辟,商贾日通,边民始知有生之乐",[6]出现了"数月之间,三陲晏安,一尘不扰,边氓释戈而荷锄,关城熄烽而安枕,此自古稀见之事而今有之"[7]的情景。

随着长城内外贸易的日益昌盛,边地地区积累了大量的财富。清季以来,继续长期保持和平稳定的大局面,人口生息日繁,财富积累日盛,安全威胁主要来自土匪和盗贼,因此沿边地区居民继续采取筑堡自卫的方式保护生命财产安全。

二、庄堡的属性

明朝统治者在全国推行卫所制(军事系统)与州县制(民政系统)两大系统。因此,蔚

---

[1] 胡凡:《论明穆宗对北部边防的整顿》,《中国边疆史地研究》1998年第2期。
[2] 陈子龙等:《明经世文编》,中华书局,1962年,第3359页。
[3] 于默颖:《明蒙关系研究——以明蒙双边政策及明朝对蒙古的防御为中心》,内蒙古大学博士学位论文,2004年。
[4] 叶向高等:《明神宗实录》,"中研院"历史语言研究所1962年校勘本,第4189页。
[5] 叶向高等:《明神宗实录》,"中研院"历史语言研究所1962年校勘本,第4187页。
[6] 张廷玉:《明史》,中华书局,1974年,第5864页。
[7] 张居正等:《明穆宗实录》,"中研院"历史语言研究所1962年校勘本,第1435页。

县境内的庄堡按照性质可划分为军堡、民堡两大体系。

（一）军堡

军堡，又称"卫军堡"[1]，顾名思义即军事系统内的城堡。此类城堡在归属上宣德五年（1430）前隶属于山西行都司大同镇，宣德五年设万全都司后，蔚州改隶宣府镇南路所辖。军堡（卫堡）在统帅和指挥体系方面，听命于总督、总兵、参将等军事长官；在经济体系上属军屯；在人口、居民方面属世袭军户。正德、嘉靖版《宣府镇志》是明长城军事辖区中宣府镇的专门志书，因此书中分别记载的94、83座城堡当属军堡（军事机关所管辖），但依《宣大山西三镇图说》记载，蔚县境内的军堡主要有洪武七年（1374）置的蔚州（卫）城、正德二年（1507）创建的黑石岭堡、嘉靖三十九年（1560）所设桃花堡3座。

（二）民堡

民堡，在蔚县各版本的方志中又称"州堡""乡堡""民堡"，即州县民政系统内的城堡。此类城堡在归属上明代时属山西大同府蔚州，如正德、嘉靖版的《大同府志》中所记蔚州下辖的46座堡寨；《（崇祯）蔚州志·州堡》条下的城堡。清初因明旧制，雍正六年（1728）改属直隶宣化府蔚州（县），进而税赋体系、居民人口管理方面均归属所在州县。

（三）军堡与民堡的关系

随着明代北部边防压力的与日俱增和"蒙虏之祸"的愈演愈烈。庄堡逐渐成为明代北部边地地区基层社会主要聚落单元。庄堡建造的劳动力来源主要分为军堡——军人修建和民堡——普通百姓修建两大体系，但是，两大体系内的城堡并非彼此隔阂，其关系主要分为以下两类：

1. 相互转化

民堡和军堡存在性质转变的情况。这一"转变"的驱动力则是边防形势和守御需求。以桃花堡[2]为例，其原为"土筑民堡"，嘉靖四十四年（1565）始设防守统领，即改为军堡。其性质变化的原因首先是"本堡适蔚州、保安往来中路"为"行道之人驻足之处"；其次是"本堡地极沃衍，无险可恃，应援难及"；最后是城堡所在位置"正东与保定之马水口、昌镇之白羊口相对，议者谓屯兵于此，足封两关之南牧，并扼本镇之东驰"。

2. 军修民用

民堡的修建规模和质量受当地居民劳动力人数、经济实力等因素制约，特别是城堡的军事防御能力，如城堡选址、形制、防御设施的修建等蕴含一定军事科学因素，而成为民

〔1〕 来临：《（崇祯）蔚州志》，《日本藏中国罕见地方志丛刊续编》，国家图书馆出版社，2003年，第326页。
〔2〕 杨时宁：《宣大山西三镇图说》，《明代蒙古汉籍史料汇编（第十二辑）》，内蒙古大学出版社，2015年，第77页。

的瓶颈。因此,需要当地军事机关协助修建民堡。"一修民堡以防虏患,言:民堡颓废,宜拨官军修筑,阖堡人数汇造在官丁内,不时点察,以备防御"。[1]

三、庄堡修建时间

记载今蔚县境内城堡数量和名称的文献以地方志为主,主要有正德十年(1515)的《大同府志》《宣府镇志》,嘉靖四十四年(1565)的《宣府镇志》,崇祯八年(1635)的《蔚州志》,顺治九年(1652)的《云中郡志》,顺治十六年(1659)的《蔚州志》,乾隆四年(1739)的《蔚县志》,乾隆十年(1745)的《蔚州志补》,光绪三年(1877)的《蔚州志》,民国二十四年(1935)的《(民国)察哈尔省通志》。考虑到古今蔚县行政区划范围的变动,即今蔚县阳眷镇部分村庄在明至民国时期属山西广灵县(静乐乡)管辖,因此还有康熙二十四年(1685)的《广灵县志》,乾隆十九年(1754)的《广灵县志》,光绪七年(1881)的《广灵县补志》。今蔚县阳眷镇、北水泉镇北部县界附近部分村庄在明、清、民国时期属阳原县(即西宁县)管辖,故有康熙五十一年(1712)的《西宁县志》、同治十二年(1873)的《西宁县新志》、民国二十四年(1935)的《阳原县志》。上述方志,基本勾勒出现今蔚县境内城堡的发展演变轨迹。

经过数据整理统计得知,除蔚州古城外,现今蔚县行政区内的村庄(庄堡)在正德时期有94座,嘉靖时期有83座,崇祯时期有140座,顺治时期有200座,康乾时期有444座,同治、光绪时期有450座,民国时期有592座。如表24.2:

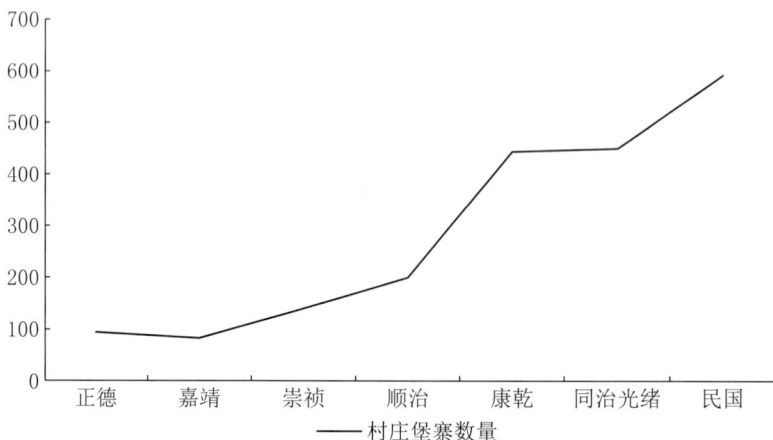

表 24.2 蔚县现存庄堡修建时间统计表

---

[1] 叶向高等:《明神宗实录》,"中研院"历史语言研究所1962年校勘本,第2594页。

依据文献记载可以看出,蔚县境内城堡的修建始于明中期即正德年间及以前。这与尹畊所述"宣德之间,虏警绝音,塞宜城也而不城。成化、弘治之间,塞田屡稔,乡宜堡也而不堡。弘治、正德之间,虏马扰矣,民亦渐为堡矣"[1]一致。

蔚县境内有 98 座庄堡尚存纪年(可释读)门匾,能辨别落款时代者,包括(多个不同时代刊刻在同一匾额上分别计算,同一时代刊刻在同一匾额上仅计算 1 次)明弘治 2 块、正德 8 块、嘉靖 60 块、隆庆 2 块、万历 4 块、天启 1 块、崇祯 1 块;清雍正 6 块、康熙 7 块、乾隆 13 块、嘉庆 6 块、道光 12 块、咸丰 2 块、同治 2 块、光绪 7 块;民国 6 块。上述匾额的时代区间分布也与文献记载相近。

四、庄堡聚落演变轨迹

除蔚州古城外,现今蔚县境内庄堡主要修建于明正德至清光绪的 400 余年时间内。其间,随着国家和当地政治环境稳定,军事形势和缓,经济发展,从而带动人口数量的增加,旧堡已无法满足新增人口居住的实际需求,使得庄堡呈现出一定的发展规律。

(一)小堡—大堡

这类庄堡的平面布局特点为"堡套堡"结构,庄堡的修建分为前后两期,前期修建有一座规模较小的城堡。随着堡内人口的增加,在原先旧堡的基础上,以旧堡的两面墙体为基础向一侧延展展筑堡墙,形成规模较大的庄堡,如曹疃村东、西堡,横涧村东堡,鸦涧村堡等。

(二)单堡—多堡

旧时修建有一座城堡,在保留旧堡的情况下,在其不远处修建新堡,从而呈现出东(西)堡、南(北)堡甚至多座城堡的格局。如"苏"字 4 堡:苏官堡、苏贾堡、苏邵堡、苏田堡,"白"字 6 堡:白河东堡、白南场堡、白中堡、白后堡、白南堡、白宁堡,以及卜北堡、卜南堡和天照疃北堡、天照疃南堡等。

(三)堡—庄

旧时修建有一座或多座城堡,随着人口的增加和社会的稳定,已经无需劳民伤财、大兴土木地修建高大的城堡,仅围以低矮的墙、结构简单的大门即可,故形成庄。如代王城的"四堡四庄",苗家寨村的"北堡、南堡、下庄、南庄、北庄、西庄"等。

(四)寨—堡

在考察过程中,我们发现在距离村庄较为偏远、交通不便处,尚存有村民俗称为"小寨"的城堡。如:北方城村(小寨)、嘴子村(老后寨)、黄梅村(西山寨)、吉家庄村(寨上

---

〔1〕 尹畊:《塞语》,《丛书集成初编》第 3227 册,中华书局,1985 年,第 30 页。

头)、西任家堡村(走堡)、西大坪村(小寨)、木井村(新旧寨)、大张庄村(贯头寨)等。上述村庄所在城堡周围均分布有"小寨"建筑,这类建筑的特点是:选址方面小寨多临沟壑,地势险要;体量方面小寨占地面积小;保存现状上则多已废弃,寨内鲜有民居等建筑遗留。与现今村庄内的村堡不同的是,当地村民难以讲述小寨的历史沿革,仅知很早便已废弃。

关于上述小寨的历史,我们认为应为明中期废弃的城堡。城堡的选址,明人尹畊在《乡约》中总结为四个要点:

> 堡置者,非无置之难也。置得其所之难也。……其目有四。一、依高。高者,丘阜山陵之类也,城堡依之,利于设险。然高有宜依,亦有宜避。四面空阔,断岸壁立则依,内卑外高,旁无俯临则依,溪涧陡壁,兵难屯聚则依。籍其利也。用半舍半,余方受敌则避。高下数更,垣道阻碍则避。土脉亢燥,水汲艰难则避。远其害也。近时山寨易守,民堡多陷者,以山寨得所依。而正德间蔚陈家涧堡之破,则其堡半在高阜,半在平原,由前仰视,虚实莫藏,自高下射,屋瓦皆震。失所避也。二、避泽……。三、避冲。冲者,房出入必经之路。长河巨浸之旁,美水草地也,出入必经,易起涎口,虏谍往来,窥伺必真,且其始至也,悉锋力于一突,而其罢归也。又往往尽毒泄愤于我长河巨浸之旁。美水草地,皆房必驻营者,驻营则力全,其攻必番代,堡人昼支厚阵,夜接火战,其何能久乎? 四、避壅……[1]

小寨的选址,恰好符合蔚县前期城堡选址的"依高"和"避冲"的原则。但是,此类城堡也有严重的弊端——规模小、分散且不利于防守。因此,随着翁万达的上任,在宣大地区掀起了合并民堡的浪潮:

> 嘉靖二十四年二月,兵部侍郎翁公来督军务。三月,并民堡。边方村落多民堡,缘役起同阎,谋鲜周密。亦有一乡数堡,一堡数家者,又素无弓弩火器,房入守空障坐视,恒有陷失,杀戮动千数百人。至是,总督军门下令合并其孤悬寡弱,度不可守者废之,编其民于附近大堡,协力据守。[2]

随着"并民堡"运动的开展,分散的居民迁入、归并大堡,使得那些规模小、分布散的城

[1] 尹畊:《乡约》,《丛书集成初编》第3227册,中华书局,1985年,第3页。
[2] 翁万达:《翁万达集》,上海古籍出版社,1991年,第108页。

堡被废弃,自此以后延而不用,由此造成今日堡、寨相邻,一兴一废的局面。

第三节　庄堡的分布与选址

一、庄堡的分布

蔚县"万山环拱,北枕桑干,中带壶流,三关天险,连上谷而接云中,腹背手足之势备焉,扼飞狐之隘口而饷道无虞,通顺圣之辅车而犄角可恃",[1]实可谓"虽弹丸亦锁钥"。蔚县地处恒山、太行山、燕山三山交会之处,属冀西北山间盆地,恒山余脉由晋入蔚,分南北两支环峙四周,壶流河横贯西东,形成了明显的南部深山、中部河川、北部丘陵三个不同的自然区域。

南部深山区包括宋家庄镇(南部)、下宫乡(南部)、柏树乡(南部)、草沟堡乡。中部河川区包括蔚州镇、代王城镇、宋家庄镇(北部)、暖泉镇、西合营镇、南岭庄乡、下宫乡(北部)、陈家洼乡(东部)、北水泉镇(西部)。北部丘陵区包括涌泉庄乡、杨庄窠乡、南杨庄乡、南留庄镇、阳眷乡、白草乡、陈家洼乡(西部)、黄梅乡、吉家庄镇、桃花镇、常宁乡、白乐镇、柏树乡(北部)、北水泉镇(东部)。通过对比表24.1中蔚县现存城堡分布区域得知,历史上和现存的城堡主要分布于中部河川区和丘陵地区,而深山区分布最少。

二、庄堡的选址

蔚县现存庄堡在选址方面依据庄堡与周围自然地理要素的关系,可分为以下几类:

(一) 河川型庄堡

庄堡选址在壶流河、定安河等主河道边的二级台地上,以近水源为便,其代价则是庄堡周围地势平坦,一马平川,战争据守时无"地利"优势,如蔚州古城、代王城、东陈家涧、卜北堡、南杨庄等。

(二) 丘陵型庄堡

庄堡选址在冲沟(沟涧)边缘,或一面临沟涧,或多面临沟涧,充分考虑"地利"因素,居高临下,据险而守,如埚郭堡、西人烟寨村堡、五岔村堡、咸周村堡等。

---

〔1〕 庆之金:《(光绪)蔚州志》,蔚县印刷厂,1986年,第89页。

第四节 庄堡的建制

一、庄堡的平面形制与布局

（一）平面形制

蔚县现存庄堡尚能判断其平面形制者,主要分为 3 种:

A 型:矩形,351 座。平面形制呈规矩的矩形或大致呈矩形。

B 型:不规则形,49 座。受地形或后期规划影响,城堡呈现出不规则的形状,根据其大致形状,可分为 4 个亚型:

Ba 型:刀把形,3 座,即水北二村堡、千字村堡、横涧西堡。

Bb 型:凸字形,2 座,即北官堡、西合营上堡。

Bc 型:不规则形,41 座,如涌泉庄堡、穆家庄上堡、卜南堡、卜北堡、上苏庄堡、单堠堡、大固城村堡等。

Bd 型:梯形,3 座,即夏源南堡、水西堡西小堡、桃花堡。

C 型:圆形,1 座,即黄梅村堡。

（二）城内布局

蔚县现存庄堡内的平面布局,可分为以下几种类型:

A 型:一字街布局,159 座。庄堡门内修建有宽阔的主街(正街),并以此为轴线,将城内建筑分成两个片区。依据主街方向不同,又分为三个亚型。

Aa 型:东西向一字街,如纸店头村堡、大固城村堡、周家庄南堡等。

Ab 型:南北向一字街,如南方城村堡等。

Ac 型:双一字街,如埚郭堡、七百户村堡等。

B 型:十字街布局,92 座。庄堡内修建有东西、南北交汇的主街(正街),将堡内建筑分成不同片区。城堡规模决定了十字路口数量的不同,据此又分为 3 个亚型:

Ba 型:单十字街布局,54 座,如王家庄(北堡)、永宁寨(东堡)等。

Bb 型:双十字街布局,29 座,如南张庄村堡、上陈庄村堡等。

Bc 型:三十字街布局,9 座,如常胜疃村堡、代王城南堡等。

C 型:丁字街布局,51 座。庄堡内修建有东西、南北一侧交汇的主街(正街),将堡内建筑分成三个主要片区。如辛庄村堡、沙涧村堡等。

D 型:混合型布局,43 座。庄堡规模较大,单一形式的格局已经无法满足城内空间需

求,故采用混合布局方式,具体分为 3 个亚型:

Da 型:南十字、北丁字街布局,31 座,如白河东堡等。

Db 型:南双十字、北丁字街布局,9 座,如苏邵堡等。

Dc 型:南三十字、北丁字街布局,3 座,如西合堡、曹疃西堡、单堠村堡。

E 型:异型结构布局,共 6 座。如中蔡庄为双东西、南北街,筛子绫罗堡为双南北街三东西街,李家绫罗堡为三丁字街,黑埚堡为井字形街,前上营堡为王字形,石垛堡为双南北街三东西街。

二、堡门

堡门作为庄堡建筑的标志性建筑和守御重点,其开设选址往往与地形、汲(排)水、受威胁来源方向、道路路线等因素有关,堡门的建筑材料、结构样式、建筑风格差异亦多样。

(一) 数量与朝向

蔚县境内庄堡开设南门者有 261 座,东门 131 座,西门 68 座,北门 40 座(一座庄堡开设多座城门者分别统计,瓮城门不纳入统计)。朝向的选择主要受以下几个因素制约:

1. 迎敌面

明代时的蔚县,在军事上属宣府镇南路管辖,其来自蒙古方面的威胁主要为西、北面,因此,为了减弱蒙古骑兵的冲击力,普遍将堡门开设在东、南面墙体上,从而达到避“虏冲”的目的。这也是明长城沿线城池庄堡设门的普遍原则。

2. 迎风面

蔚县地处我国北方的第二级地势——黄土高原上。每年秋冬、冬春之际,便会有强劲、寒冷的西北风,特别是明代处于“小冰期”,平均气温较低,冬季时气候恶劣,低温寒潮、强风、强降雪等自然灾害经常发生,戍边士兵皮肤冻裂,蒙古诸部“冬春难过”等现象屡见于文献记载。加上房屋建造防寒、保温技术的相对落后,如何提高居住区的相对温度是首要问题。筑墙建堡在一定程度上削弱了西北风的威力,而堡门的朝向亦需要考虑开设在东、南这一下风、背风处。

3. 交通线因素

蔚县境内以蔚州古城为中心,共有四条大路[1]。东路:自东关至桃花堡保安州(今涿鹿县)界。西路:自西关至唐山口山西广灵县界。南路:自南关至黑石岭广昌县界。北

---

[1] 庆之金:《(光绪)蔚州志》,蔚县印刷厂,1986 年,第 90～97 页。

路:自邸家庄至榆林关西宁县界。出于便于交通的目的,蔚县境内部分庄堡一反常态开设西、北门,如南方城、西古堡、南杨庄(南堡)、苏官堡、白南场之开设北门;南留庄堡开设西门,均因城堡与交通线相对位置有关。

(二) 材料与结构

蔚县境内的庄、堡门,按照建筑材料区分,大致分为 5 种类型:

A 型:石砌拱券门,庄堡门采用条石(毛石)砌筑,门券为一伏一券式。依据门顶部及内侧结构的不同,可分为 8 种亚型:

Aa 型:石券门,20 座,庄堡门内、外、顶均为石砌拱券结构。如西大云疃堡、西蔡庄堡、芦子涧村堡、东大云疃徐家堡、曹疃西堡、上宫村南堡等,其中有纪年者如下表 24.3:

表 24.3　蔚县现存 Aa 型石券门

庄堡名称	堡门形制		门　　　匾			
	朝向	结构	外侧(正题)	外侧(前落款)	内侧(正题)	内侧(前落款)
水西堡	北门	石券门	水涧子中堡	嘉靖四年	永和	
上宫南堡	东门	石券门	上宫村堡	嘉靖八年		
曹疃西堡	南门	石券门	曹家疃堡	嘉靖十年		
单堠堡	南门	石券门	单堠村堡	嘉靖十三年		
西户庄堡	南门	石券门	西庄户堡平安门	嘉靖二十六年		
杨庄南堡	北门	石券门	杨庄品字堡	嘉靖二十七年 光绪二十三年		
西大云疃堡	西门	石券门	平安堡永远门	嘉靖二十八年		
东大云疃徐家堡	东门(瓮)	石券门	天下太平大云堡永康门	嘉靖二十八年		
涧岔堡	北门	石券门	镇房堡平安门	嘉靖三十七年		
南马庄南堡	西门	石券门	南马庄堡宝成门	万历四年		
杨庄北堡	南门(外)	石券门	福地八九	咸丰十一年	六九都春	
	北门	石券门	积玉门		重华门	道光二十七年

Aa 型石券门结构尚存 12 座纪年堡门,依据门匾时间,包括明嘉靖时期 9 座,万历时期 1 座;清道光时期 1 座,咸丰时期 1 座。可见,这类堡门的建筑时代较为单一,以明嘉靖时期为主,且后世修缮较少。

Ab 型:石券门木梁架顶,4 座,庄堡门内外侧为石拱券,顶部为木梁架结构。如小探口村堡、埚郭堡、小酒务头堡、庄窠堡。其中有纪年者如下表 24.4:

表 24.4　蔚县现存 Ab 型石券门

表 24.4　蔚县现存 Ab 型石券门

庄堡名称	堡门形制		门　匾			
	朝向	结　　构	外侧(正题)	外侧(前落款)	内侧(正题)	内侧(前落款)
庄窠堡	东门	石券门木梁架顶	永宁寨庄窠村福禄门	嘉靖二十四年		
小酒务头堡	南门	石券门木梁架顶	咸周村里东酒务头	嘉靖四十年		乾隆四十五年
小探口堡	东门	石券门木梁架顶	小探口堡	雍正十年		

Ab 型石券门木梁架顶结构尚存 3 座纪年堡门,依据门匾时间,包括明嘉靖 2 座,清雍正 1 座。可见,这类堡门的建筑时代较为单一,以明嘉靖时期为主,且后世修缮较少。

Ac 型:外石券内顶木梁架门,10 座,庄堡门外侧为石券,内侧、顶部为木梁架。如高家洼村堡、吴家浅村堡、上宫村北堡、五岔村堡等。其中有纪年者如下表 24.5:

表 24.5　蔚县现存 Ac 型石券门

庄堡名称	堡门形制		门　匾			
	朝向	结　　构	外侧(正题)	外侧(前落款)	内侧(正题)	内侧(前落款)
下康庄东堡	南门	外石券内顶木梁架门	永安门	正德六年 道光六年		
钟楼堡	东门	外石券内顶木梁架门	朝阳	嘉靖十三年		
南柏山堡	南门	外石券内顶木梁架门	柏山砦南勋门	嘉靖十五年		
五岔堡	南门	外石券内顶木梁架门	伍岔村堡	嘉靖二十五年		
吴家浅堡	南门	外石券内顶木梁架门	名涧堡	康熙四十一年		
北马圈堡	南门	外石券内顶木梁架门	安定门	道光二十八年		

Ac 型外石券内顶木梁架结构尚存 6 座纪年堡门,依据门匾时间,包括正德 1 座,嘉靖 3 座,康熙 1 座,道光 1 座。可见,这类堡门的建筑时代较为单一,以明嘉靖时期为主,且后世修缮较少。

Ad 型:外石券内砖券木梁架顶,2 座,庄堡门外侧为石砌拱券,内侧为砖砌拱券,顶部为木梁架顶结构。如逢驾岭村堡、司家洼村堡。其中有纪年者如下表 24.6:

表 24.6　蔚县现存 Ad 型石券门

庄堡名称	堡门形制		门　匾			
	朝向	结　　构	外侧(正题)	外侧(前落款)	内侧(正题)	内侧(前落款)
司家洼堡	南门	外石券内砖券木梁架顶	司家堡	嘉靖二十五年		

Ad 型外石券内砖券木梁架结构仅存 1 座纪年堡门,即嘉靖二十五年(1546)。

Ae 型:外石券内砖券,1 座,庄堡门外侧是石砌拱券,内侧、顶部为砖砌拱券。如统军庄村堡。

Af 型:砖石券门木梁架顶,2 座,庄堡门外(内)侧为石砌拱券,内(外)侧为砖砌拱券,顶部为木梁架顶。如大酒务头村堡、钟楼村堡。如下表 24.7:

表 24.7　蔚县现存 Af 型石券门

庄堡名称	堡门形制		门　匾			
	朝向	结　　构	外侧(正题)	外侧(前落款)	内侧(正题)	内侧(前落款)
大酒务头堡	南门	砖石券门木梁架顶	蔚州大酒务头堡	弘治十四年 隆庆三年		
钟楼堡	西门	砖石券门木梁架顶	钟楼村	民国八年	平安门	

Af 型砖石券门木梁架顶结构尚存 2 座纪年堡门,依据门匾时间,包括弘治(隆庆) 1 座,民国 1 座。

Ag 型:外砖石券内顶木梁架门,1 座,庄堡门外侧为砖石混合砌筑拱券,内侧、顶部为木梁架结构。如上寺堡。

Ah 型:石券门砖券顶,1 座,庄堡门内外均为石砌拱券,顶部为砖砌拱券。如:西高庄西堡,如下表 24.8:

表 24.8　蔚县现存 Ah 型石券门

庄堡名称	堡门形制		门　匾			
	朝向	结　　构	外侧(正题)	外侧(前落款)	内侧(正题)	内侧(前落款)
西高庄西堡	东门	石券门砖券顶	永安	嘉靖三十二年		

Ah 型石券门砖券顶结构仅存 1 座纪年堡门,即嘉靖三十二年(1553)。

综上所述,我们发现 A 型石砌拱券门式堡门,以城门外侧立面通体用条石(块石)垒砌,一伏一券式拱券为标志性特征,其时代特征明显、单一,以明嘉靖时期为主,后代修缮者较少,故应为这一时期蔚县境内城堡堡门的标准样式。

B 型:砖石拱券门。此类庄堡门以条石为基础,上部青砖砌筑并起券。依据门顶部及内侧结构的不同,可分为 3 种类型。

Ba 型:砖券门,104 座,庄堡门内、外、顶均为砖砌拱券结构。如千字村堡、穆家庄上堡等。其中有纪年者如下表 24.9:

表 24.9　蔚县现存 Ba 型砖券门

庄堡名称	堡门形制		门　　匾			
	朝向	结构	外侧（正题）	外侧（前落款）	内侧（正题）	内侧（前落款）
白宁堡	东门	砖券门	白家庄堡	弘治十四年	阜安	
代王城大堡	南门（正）	砖券门	古代	正德十年 嘉靖三十一年 雍正十三年 光绪二十五年		
卜北堡	东门	砖券门	卜庄北堡	道光十五年	卜家庄堡	正德十一年 嘉靖三十七年 康熙四十二年
千字堡	东门	砖券门	千字村	道光二十七年	千字村堡石碑	正德十四年
白南场堡	北门	砖券门	白家庄中堡	正德十五年 道光三年		
新家庄堡	南门	砖券门			永远堡	正德十五年
白中堡	南门	砖券门	白家庄北中堡	正德十六年 乾隆四十七年	永宁门	
史家堡	南门	砖券门	和阳堡	嘉靖元年		光绪五年
白河东堡	南门	砖券门	白家庄东堡	嘉靖元年 隆庆三年	平安门	道光二十二年
南留庄堡	东门	砖券门	南留庄	嘉靖六年 嘉庆六年	定安门	
	西门			嘉靖六年 嘉庆五年	宁远门	
小饮马泉堡	南门	砖券门	保宁	嘉靖五年	安宁	雍正拾□年
大饮马泉堡	南门	砖券门	饮马泉堡	嘉靖五年 乾隆十年	永宁门	
任家涧堡	南门	砖券门			任家涧堡	嘉靖八年 万历三十年
松树堡	南门	砖券门	松树村堡	嘉靖八年 康熙二十八年		
阳眷南堡	南门	砖券门	阳眷村	嘉靖九年 道光六年	宁静堡	
石家庄堡	南门	砖券门	振德门	嘉庆十年		
白草窑堡	南门	砖券门	白草窑堡□□平安	嘉靖十六年		
下宫堡	西门	砖券门	远定门	乾隆五十九年	宫村蔡家堡	嘉靖十六年
	南门	砖券门	永安门	乾隆十九年		
邀渠堡	南门	砖券门	永镇平安邢家堡	嘉靖十七年	休景门	民国十三年

庄堡名称	堡门形制		门 匾			
	朝向	结构	外侧（正题）	外侧（前落款）	内侧（正题）	内侧（前落款）
南张庄堡	南门	砖券门	张家庄堡	嘉靖十九年		
天照疃北堡	南门	砖券门	田兆疃永安堡	嘉靖十九年	永平门	道光二十一年
宋家庄堡	南门	砖券门	昌明	嘉靖二十年		
西柳林南堡	东门	砖券门	西柳林迎阳堡	嘉靖二十年		
南杨庄北堡	南门	砖券门	杨家庄		平安堡永远门	嘉靖二十年 同治五年
涧崼堡	东门	砖券门	涧崼村	嘉靖廿年 光绪十年		
			镇勇堡安定门	嘉靖二十五年		
上苏庄堡	北门	砖券门	永安上苏庄堡	嘉靖二十二年		
高店堡	南门	砖券门	高店堡	嘉靖二十二年 乾隆三十一年		
西陈家涧堡	南门	砖券门	陈家涧新堡	嘉靖二十五年		
李家绫罗堡	南门	砖券门	龙潭堡	嘉靖二十六年	永泰门	
浮图村北堡	西门	砖券门	浮图村堡吉庆门	嘉靖二十六年		
南柳枝水大堡	南门	砖券门	平安门	嘉靖二十八年	仁为美	
大张庄西堡	东门	砖券门	张家庄堡增盛门	嘉靖三十一年	聚积街	道光五年
咸周堡	南门	砖券门	咸周村堡	万历十九年		
阎家寨堡	南门	砖券门	阎家寨堡	万历四十一年		
白后堡	南门	砖券门	永镇门	天启三年		
西古堡	东门（瓮）	砖券门	永盛门西古堡	康熙十九年		
苏贾堡	南门	砖券门	太平堡永盛门	康熙二十四年		
杜杨庄堡	南门	砖券门	杜杨庄	康熙四十七年		
西北江堡	南门	砖券门	北江堡	康熙五十四年		
小贯头堡	南门	砖券门	小贯头村	雍正五年		
大蔡庄堡	南门	砖券门	李家庄 仁里	雍正八年 雍正九年		
大探口堡	东门	砖券门	永镇平安大炭口堡	雍正十年		
白南堡	南门	砖券门	正南堡		聚龙	乾隆十四年
上陈庄堡	南门	砖券门	上陈堡	乾隆三十八年	永平门	乾隆三十八年
水东堡	南门	砖券门	水涧子堡	乾隆五十一年	永顺门	

庄堡名称	堡门形制		门 匾			
	朝向	结构	外侧（正题）	外侧（前落款）	内侧（正题）	内侧（前落款）
郑家庄堡	西门	砖券门	郑家庄	乾隆五十九年	平安门	
穆家庄上堡	东门	砖券门	穆家庄	嘉庆二十年	大兴门	
海子洼堡	南门	砖券门	凤鸣村	道光二十二年		
辛庄堡（东中堡）	东门	砖券门	东中堡	光绪十一年	永安门	
张中堡	东门	砖券门	方义		仁里	民国十四年

　　Ba 型砖券门结构尚存 51 座纪年堡门，依据门匾时间，我们发现其时代与 A 型石砌拱券门存在明显差异，即明清两代纪年同出现在一块门匾或一座城堡的数量明显增加。几乎大部分堡门都曾在清代重修过，只有 17 座城堡为单纯的明代纪年。

　　Bb 型：砖券门木梁架顶，共 30 座，庄堡门内外为砖券，顶部为木梁架结构。如东陈家涧村堡、北方城村堡、崔家寨村堡等等。其中有纪年者如下表 24.10：

表 24.10　蔚县现存 Bb 型砖券门

庄堡名称	堡门形制		门 匾			
	朝向	结　构	外侧（正题）	外侧（前落款）	内侧（正题）	内侧（前落款）
大固城堡	东门	砖券门木梁架顶	故城永安堡	嘉靖十二年	东望休昌	崇祯十年
崔家寨堡	南门	砖券门木梁架顶	崔家寨堡	嘉靖二十二年		
黄家庄堡	南门	砖券门木梁架顶			宁远	嘉靖二十六年
田家庄堡	北门	砖券门木梁架顶	田家庄堡昌盛门	嘉靖二十六年		
西南堡	南门	砖券门木梁架顶	西韩庄堡	嘉靖二十七年 同治四年		
张李堡新堡	西门	砖券门木梁架顶	蔚州北垆南堡	嘉靖二十九年		
北柏山下堡	南门	砖券门木梁架顶	永宁门	乾隆四十一年		
沙涧堡	东门	砖券门木梁架顶	沙涧堡	嘉庆五年		
	西门			嘉庆二十二年		
太宁寺堡	南门	砖券门木梁架顶	太宁寺堡	嘉庆二十一年		
南马庄北堡	东门	砖券门木梁架顶	南马庄	道光二十三年		
北绫罗堡	东门	砖券门木梁架顶	永安堡	咸丰十年	勇安堡	……拾年
中石化堡	南门	砖券门木梁架顶	中石化堡	光绪十四年		
上宫中堡	东门	砖券门木梁架顶			安居街	民国十一年

Bb 型砖券门木梁架顶结构尚存 14 座纪年堡门,依据门匾时间,单纯明代纪年的城堡仅有 5 座。

Bc 型:外砖券内顶木梁架门,18 座,庄堡门外侧为砖砌拱券,内侧、顶部均为木梁架结构。如西北堡村堡、张中堡村堡、大水门头东堡等等。其中有纪年者如下表 24.11:

表 24.11　蔚县现存 Bc 型砖券门

庄堡名称	堡门形制		门 匾			
	朝向	结　构	外侧(正题)	外侧(前落款)	内侧(正题)	内侧(前落款)
东大云疃东堡	北门(正)	外砖券内顶木梁架门	大云堡永安门	嘉靖十七年		
小水门头堡	南门	外砖券内顶木梁架门	水门头堡平安门	嘉靖十九年 嘉靖三十八年		
吕家庄北堡	南门	外砖券内顶木梁架	吕家庄堡	嘉靖二十五年		
吕家庄南堡	北门	外砖券内顶木梁架	镇房吕家庄堡	嘉靖二十六年		
苏田堡	东门	外砖券内顶木梁架门	安宁堡太平门	嘉靖二十六年		
大水门头东堡	北门	外砖券内顶木梁架门	榆林堡永泰门	嘉靖三十四年 乾隆五十八年		
王良庄堡	东门(瓮)	外砖券内顶木梁架	王良庄	民国十六年		

Bc 型外砖券内顶木梁架结构尚存 7 座纪年堡门,依据门匾时间,单纯明代纪年的有 5 座。

综上所述,我们发现 B 型砖石拱券门式堡门,堡门外侧立面以条石为基础,上部青砖砌筑并起拱券,为标志性特征,大部分建筑有清代修缮的痕迹,单纯的明代纪年堡门数量较少。鉴于该类型包括较多的明清两个时代建筑纪年,因此其出现的确切时间尚无法定论,但有 2 点可以借鉴,首先,宣大山西三镇长城沿线军堡包砖工程普遍在"隆庆议和"以后,特别是到万历时期才全面施行,拥有官方背景的军堡尚且如此,因此边地地区、经济实力较低的民堡应不会早于官方,甚至晚到清季,随着数十年边地社会的稳定、经济贸易的发展、财富积累到一定程度之后方才实施。其次,现存堡门所用城砖尺寸明显小于已知长城沿线明代城堡用砖尺寸。鉴于此,该类城堡应以清代修建为主。

C 型:砖砌门木梁架顶,24 座,庄堡门采用青砖砌筑门柱(墩),顶部为木梁架平顶结构。如大德庄东堡、富家堡南北堡、石荒村堡、富胜堡村堡、南双涧村堡等。其中有纪年者如下表 24.12:

表 24.12　蔚县现存 C 型砖砌门

庄堡名称	堡门形制		门　　　匾			
	朝向	结　　构	外侧(正题)	外侧(前落款)	内侧(正题)	内侧(前落款)
北门子堡	东门	砖砌门木梁架顶	清泉门 门字堡	光绪元年 嘉靖十五年		
麦子疃东堡	西门	砖砌门木梁架顶	麦子疃堡平安门	嘉靖三十一年		

　　C 型砖砌门木梁架顶结构堡门在建筑特征上与 B 型堡门相比仅门顶结构略有不同，但所用青砖尺寸相近，因此我们推测此类堡门与 B 型堡门为同一时期建筑，即清代修建，甚至可能是在 B 型堡门顶部坍塌后因陋就简修建的。

　　D 型：土坯门木梁架顶，16 座，庄堡门用土坯砌筑门柱（墩），顶部为木梁架平顶结构。如涧北村堡、东深涧村堡、东双塔村堡、南石化村堡、西黎元庄村堡等。其中有纪年者如下表 24.13：

表 24.13　蔚县现存 D 型土坯门

庄堡名称	堡门形制		门　　　匾			
	朝向	结　　构	外侧(正题)	外侧(前落款)	内侧(正题)	内侧(前落款)
东大云疃北庄	东门	土坯门木梁架顶	吉星庄	民国二十五年		

　　E 型：外土券内顶木梁架，1 座，庄堡门外侧为土坯修建的拱券门，内侧及顶部为木梁架结构。如赵家窑村堡。

　　D 型、E 型堡门所用材料、结构更加简陋、简单，可见此时堡门的军事色彩已褪去，乡民对城堡防御能力的需求不高，但仍保留了传统的习惯，从而因陋就简修建堡门，因此这两类型的堡门时代应为清代晚期，甚至民国时期。

　　综上所述，堡门在战争年代是敌我双方攻防的重点，和平年代又作为一座庄堡的标志性建筑，因此修缮频率较高。依据田野调查，现存大部分堡门包含明、清、民国各个时代修缮的痕迹，是历史"层叠"之后的综合体。因此断定堡门时代与建筑形制的关系，需要综合时代背景、建筑、材料形制特点和纪年门匾进行分析。

　　依据这些门匾，我们可大致分析出堡门建筑形制与时代的关系。即前期：A 型（石砌拱券门）为明代建筑；中期：B 型（砖石拱券门）、C 型（砖砌门木梁架顶）为清代早、中期建筑；后期：D 型（土坯门木梁架顶）、E 型（外土券内顶木梁架）为清代晚期、民国时期建筑。

　　（三）附属设施

　　1. 城楼

　　城堡堡门曾普遍修建堡门楼，功能以寺庙建筑为主，庙内供奉以魁星、文昌为主。如阳眷村堡。

2. 护门墩

即位于堡门外两侧,突出堡门(墙)的马面。由于城门门扇位于门券内侧,敌人攻门时守方士兵从门顶无法射击攻门之敌,从而形成火力射击盲区,因此修建护门墩,以期从侧后攻击攻门之敌。如小酒务头村堡。

3. 星池灭火

城门作为庄堡防御的薄弱环节,自古以来便是守城一方防守的重点,同时也是攻城一方的首选、最佳破城之处。面对木质材料制成的门扇,攻城一方使用火攻无疑是最佳选择。而对于守方来说,虽然门扇外包铁皮,能起到一定的防护作用,但由于门扇垂直于城上,且位于门券内,一旦起火,城上、城门内士兵不易扑救,对此,明人给予了总结:

> 贼来攻门,多用火烧,门上铁叶未足恃,圈洞之内,矢石所不能及,须用淋水以灭其火,预于城上紧贴门扇处开凿一池,横长与门等,阔二尺,池口至底,以渐而杀,如屋□天沟样,底约阔五寸,凿为七眼,径六七寸,每眼相去,以门之广狭为度,务令均匀,其相连之处,横凿寸阔一缝,临城,从城上泄水,眼大,可下炮石,缝狭,水不旁注,如闸河倾泻,火无所施,且人亦难于站立。此万万不可少者。池上无事,以厚板盖之。[1]

鉴于此,明人提出在城门门扇外侧的门券顶部开凿方池,直通门顶,一旦城门失火,便可从门顶向下浇水扑救。此类设施在蔚县民堡中多有遗留,如水西堡村堡、白南场村堡等(图24.1)。与文献记载不同的是,其结构远没有文献描述中的复杂,仅为一个长宽约10~20厘米的方孔。类似的设施在明代大同镇的得胜堡等军堡也有遗留。

三、墙体

(一)形制与规模

蔚县现存庄堡墙以黄土夯筑为主流,黄土夯筑、内外立面尚存包石者仅赤崖堡一例。堡墙剖面均呈下宽上窄的梯形。依据规模,大致分为大、中、小3类:小型庄堡,周长小于300米,共31座。中型庄堡,周长介于300~800米之间,共281座。大型庄堡,周长在800米以上,共45座。

(二)附属设施

1. 角台

成书于嘉靖二十一年(1542)的《乡约》将角台分为"旧式"——斜出角台,与"新

---

[1] 韩霖:《慎守要录》,《丛书集成初编》第962册,中华书局,1991年,第16页。

式"——直出角台 2 种式样（图 24.2、3）。蔚县现存庄堡均有 2 种式样的角台遗留。

图 24.1 吴家浅村堡南门门券内上部的星池灭火

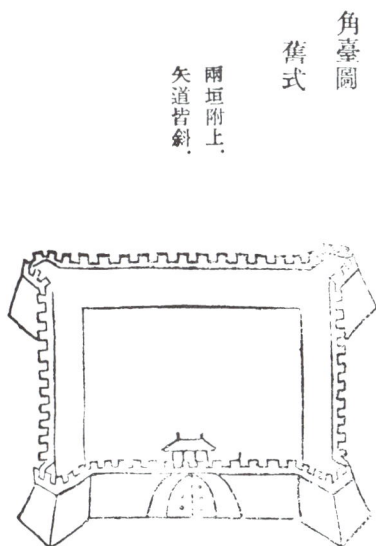

图 24.2 《乡约》中的旧式斜出角台

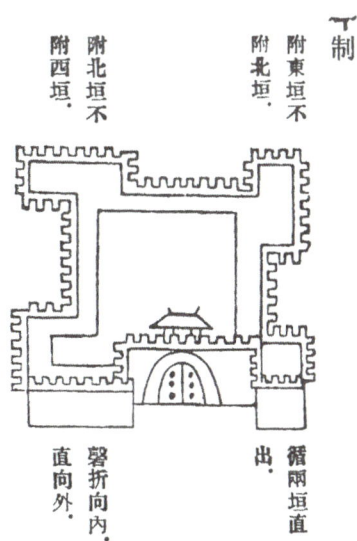

图 24.3 《乡约》中的新式直出角台

A 型：斜出角台，角台斜出于堡墙，与两侧堡墙的夹角呈钝角，角台仅 3 个立面。如单堠村堡、石垛村堡、西贤孝村堡等等（图 24.4）。

图 24.4 高院墙堡村堡西南角台外侧

B 型：直出角台，角台直出于堡墙，与两侧堡墙的夹角呈直角，角台为 4 个立面。如横涧东堡、上宫村南堡、上宫村中堡、南马庄村南堡等（图 24.5、6）。

图 24.5 大蔡庄村堡西北角外侧

图 24.6 白宁堡村堡东南角台外侧

个别城堡的角台存在两次修筑的痕迹,晚修部分坍塌后,露出里面的旧构,如高院墙堡西南角角台原为135°斜出式,后改修为90°直出式,类似的还有大蔡庄堡西北角角台。由此可见,135°斜出角台早于90°直出角台。

第五节 结 语

蔚县境内明清时期的庄堡,保存数量之大,分布地域之广,发展演变轨迹之明显,建制之全足,实可谓明长城沿线地区民间防御建筑研究的活化石,为我们研究明代长城沿线民堡防御建筑的修建规律和原则,村庄聚落的演变提供了鲜活的资料。

第二十五章　蔚县寺庙壁画调查与研究概述

　　蔚县，明代时为蔚州，位居飞狐古道之北口，是塞外草原与京津、河北腹地连接的纽带，自古便是兵家必争之地，也是商贾南来北往之道。在这里，各种文化交融、碰撞，形成了独特的地域文化。

　　自明代"隆庆议和"之后，随着北边战事的平息，边贸市场逐渐繁荣，曾是军事重地的蔚州，终于迎来了和平发展时期，逐渐成为商贾通道和贸易集散中心。经过明末清初短暂的战乱，至清康熙、乾隆年间，蔚县再次迎来稳定的发展机遇。随着蔚县社会的日益升平和财富的积累，村民开始重修因战乱或自然坍塌而损坏的城堡，而在重修城堡的同时，为了满足逐渐富裕起来的乡民在宗教信仰、文化生活的需要，创建或重修了大量寺庙，而依附于寺庙又衍生了丰富多彩的壁画。

　　从目前的田野调查来看，蔚县的民间信仰汇集了佛、道、儒、天主等，所祭拜的神祇有真武、龙神、观音、关帝、三官、佛、马神、财神、地藏（阎王）、五道、泰山碧霞元君、三霄娘娘、玉皇、太上老君、三清，以及文昌、梓潼、魁星、城隍、眼光娘娘、山神、风神、井神、药师、福神、河神、姜太公、孔神、窑神、面然大士、天主、基督等。

　　以神祇祭祀活动为中心的各类寺、庙、道观，分布于各乡村庄堡之中，规模稍大的庄堡，寺庙数量可达十多座，甚至数十座，即便规模小的庄堡或山区的村庄也至少在村中建1座小神龛用于祭祀。这些寺、庙、道观，或独立成院，或集于一院，或拱卫在堡门周边，或为周边几座村庄共享，除天主教堂相对独立之外，其他的各类神祇常常混于一体。为此，本书将寺庙道观统称为寺庙。

　　在蔚县民间信仰中，道教、佛教已难以分开，共祭于一院、一殿，甚至于一堂的现象十分普遍，因此常见的现象是，称为"寺"者，却没有一座单纯供奉佛教神祇的，而称为"观"者，却常为供奉观音的场所。这就使蔚县的寺庙建筑形成了以下4个特点：一是在一座寺院或庙院中集中了众多的神祇，形成该村庄的一个祭祀中心；二是倒座观音殿的特殊性，形成了观音普遍与其他神祇（如三官、关帝、龙神、泰山等）以隔墙的形式分为南北两殿，共享一座建筑;三是一座正殿隔为数间,分别供奉不同的神祇;四是多神共享一殿,其中壁画既相对独立,又形成一个整体。

壁画作为寺庙的有机组成部分,是宗教信仰民间化、通俗化不可或缺的载体,有庙就绘有壁画成为蔚县境内寺庙的最大特点。正如山西省朔州市平鲁区迎恩堡村嘉靖四十一年(1562)《迎恩堡建庙立祠碑》所说:"盖谓建庙立祠所以依神明,塑像绘形以伸敬仰。神无庙则显灵无地。"[1]但由于近百年间的失修,寺庙改作他用,加之人为破坏,蔚县保存较好的寺庙数量已很少,多数已塌毁或残损。而依附于寺庙中的壁画更是遭受极大破坏,大部分壁画表面曾涂刷过白灰浆、黄泥或张贴报纸,部分壁画表面受到人为的涂鸦与破坏,部分因寺庙墙体坍塌或墙皮脱落而受损,因此遗留下来的壁画表面损毁较重,壁画内容漫漶者较多。如今虽然有部分寺庙已恢复其功能,部分村庄组织人力清理壁画表面的白灰浆,但能将表面白灰洗去,露出底下壁画的数量较少,因此保存较好的壁画所占比例很少,壁画内容完整者更是少之又少。此外,随着近年文物投资市场的火爆,时常发生整堂或部分壁画被盗的现象。

在进行田野调查时,为了规范对寺庙与壁画进行分类和统计,既要考虑建筑本身的独立性,又要考虑以壁画为中心的单元空间的独立性,基本原则是:整座寺庙或庙群不作为一个独立单元进行统计,而是按供奉的神祇分别统计;观音与其他神祇分隔成南北两殿的,按2座独立庙殿分别统计;一座正殿隔为数间的,分别按各自供奉的神祇进行统计;多神共享一殿的,按明间的主神进行统计,或按村民祭祀的主神进行统计。

另外,本调查所研究的寺庙壁画多指绘于殿内正壁与两侧山墙内壁的壁画,殿内还有山尖壁画以及前檐下槛墙内壁的壁画,其中山尖与槛墙壁画多为黑白画,其内容多是历史人物与花草云海,与寺庙主体壁画内容多不在一个体系,故在此不展开论述。

按此统计原则,根据田野调查,目前蔚县遗留的修建于民国及以前的寺庙共822座,其中遗留有壁画的有295座,如表25.1。

表 25.1　蔚县现存寺庙壁画统计表

序号	名　称	遗留总量	遗留壁画	旧构重绘壁画	旧构遗留或遗址
01	真武庙	77	32	6	39
02	龙神庙	159	66	16	77
03	观音殿	121	37	37	47
04	关帝庙	133	50	11	72

〔1〕　周亮:《三晋石刻大全·朔州市平鲁区卷》,三晋出版社,2018年,第196页。

序号	名　称	遗留总量	遗留壁画	旧构重绘壁画	旧构遗留或遗址
05	三官庙	36	13	2	21
06	佛寺	58	19	6	33
07	地藏（阎王）殿	25	9	11	5
08	五道庙	56	24	9	23
09	马神庙	29	8	6	15
10	财神庙	27	9	9	9
11	泰山（三霄娘娘）庙	41	11	7	23
12	玉皇阁（庙）	12	6	1	5
13	老君观（三清殿）	8	4		4
14	文昌/梓潼/魁星阁	20	4	4	12
15	其他	20	3		17
合　计		822	295	125	402

虽然蔚县遗留的壁画受损严重，可辨识的画面内容有限，甚至还覆盖在厚厚的白灰浆下，但这些壁画或多或少地透露出历史信息，对于研究蔚县壁画的分类与内容仍会起到重要的作用，因此同样需要加强保护。

鉴于此，在田野调查中，我们对所有遗留有壁画信息的寺庙都进行了统计，并利用这些点滴信息对壁画的内容与分类进行研究。在822座寺庙中，遗留有壁画的各类寺庙共有295座。其中真武庙32座、龙神庙66座、观音殿37座、五道庙24座、关帝庙50座、三官庙13座、佛寺19座、地藏殿9座、马神庙8座、财神庙9座、泰山/三霄娘娘庙11座、玉皇阁（庙）6座、老君观/三清观4座、文昌/梓潼/魁星阁4座、其他3座。

在遗留的壁画中，其内容与粉本也呈现出形式多样、丰富多彩的特点。同时，部分寺庙壁画也呈现出明显的地域分布特点。蔚县现存数量庞大、丰富多彩的壁画，几乎每种神祇主题的壁画，无论在数量、内容、粉本多样性等方面，在国内县级行政区的同类壁画题材中均是首屈一指的，对于该神祇某类题材壁画内容的研究、粉本的流传等都是难得的重要样本，可以说蔚县庞大的寺庙壁画群形成了国内仅有的寺庙壁画宝库。

尤其珍贵的是，蔚县保存了3处《百工图》、4处《水陆画》、2处《老子八十一化图》、3处《善财童子五十三参图》等题材壁画，是国内此类壁画中难得的珍品，而遗留的真武庙内的《真武本生与灵应连环画》与《星君捧笏朝拜图》，龙神庙内的《出宫行雨图》与《雨毕回宫图》，关帝庙内的《关公生平事迹连环画》，观音殿内的观音"救八难"题材等壁画，无论其数量还是保存完好程度，在国内其他地区都是不多见的。

为了充分展示蔚县寺庙壁画的特点和价值，我们分别就真武、龙神、关帝、三官、马神、财神、地藏（阎王）、五道等壁画，以及观音殿的善财童子五十三参、佛寺的水陆画、老君观的老子八十一化等壁画进行独立的分析与探讨，分析壁画中神祇的传说、壁画构图的特点、粉本的流传等，以及与国内其他同类题材相比在图像表现特征上的异同和该堂壁画在国内同类题材粉本的流传研究方面所起到的关键作用等。

第二十六章 真武庙壁画调查与研究

第一节 概 述

真武,古称玄武,源于中国古代宗教中的玄武崇拜,是道教尊奉的重要神祇之一。玄武原是北方的星宿神,是四象崇拜之一,其形象为龟蛇,方位居北方,颜色为黑色,是北方星宿的主宰,故而是北方之神。魏晋南北朝时期成为太上老君的侍卫神,唐代为北极紫微大帝手下的大将,北宋真宗时被封为"真武灵应真君"[1],元成宗时又升格为"元圣仁威玄天上帝"[2]。明代时,真武因受朱元璋与朱棣极力推崇,"国朝御制碑谓,太祖平定天下,阴佑为多,尝建庙南京崇祀。及太宗靖难,以神有显相功,又于京城艮隅并武当山重建庙宇。两京岁时朔望各遣官致祭,而武当山又专官督祀事"。[3]逐渐发展成为明朝的护国神,真武信仰也随之遍及全国,达到登峰造极的地步。真武在民间成为影响广泛的神祇之一。

今日的蔚县在明朝分为民政、军事两大系统。民政上,隶属山西大同府蔚州,军事上隶属宣府镇万全都司蔚州卫。为确保居民安全,大同府在境内营建了大量的州堡(民堡);为了有效地进行屯兵防御,宣府镇在境内营建了大量的卫(军)堡。随着民堡、军堡的出现和繁荣,使得受到明廷推崇的北方战神真武大帝的信仰在蔚县逐渐兴盛,在精神层面上护佑着一方乡民与戍兵的平安。

民间普遍认为,玄武属水,水又能克火,故立庙祭祀玄武,其目的是为预防水火之灾。北方地区干旱少雨,风干物燥,容易发生火灾,故立真武庙,以镇火灾。同时蔚县境内多条河流时常泛滥,防水亦显重要。随着"隆庆议和"北边战事的平息,乡民们希望能继续得到宋、明以来地位逐步上升的北方战神真武大帝的护佑,真武信仰得到了进一步的普及与深化,真武庙重建或创建也进入高潮,而此时真武已从战神逐渐转变为镇火、防水护佑一方平安的保护神。

---

[1] 徐松:《宋会要辑稿》,中华书局,1957年,第472页。

[2] 张宇初:《影印涵芬楼本正统道藏》第19册,九州出版社,2016年,第644页。

[3] 张廷玉等:《明史》,中华书局,2003年,第1308页。

第二节　真武庙基本情况

经过考古调查、查阅相关资料或从老乡口头流传等途径了解,经不完全统计,蔚县共遗留真武庙 77 座,其中遗留有壁画者 32 座,旧构或旧址重建后重绘壁画的有 6 座,旧构遗留或遗址尚存的有 39 座。

蔚县陈家洼乡为一个特例。位居蔚县北部的陈家洼乡几乎没有建真武庙的城堡,北墙上也未建用于修建真武庙的墩台。陈家洼乡位于壶流河以西,其南与杨庄窠乡交界,其东与黄梅乡与北水泉乡隔壶流河为界,为何这一带未见真武庙需要更深入考察与研究。

蔚县的真武庙多创建或重修于清代,除州城真武庙外,其建筑多是清中期以后的建筑风格。真武庙的建制规模与其所在庄堡的大小与选址位置有关,总体来说,遵循城堡规模越大,庙院的规模越大,正殿也越大;建于北墙庙台上的庙院,其规模要大于建于平地的庙院;未建城堡的村庄或山区的村庄,真武庙多建于地势较高的台地上,以单体建筑为主。

经田野调查,本书对蔚县曾修建的 181 座真武庙选址情况进行了分析,一般多建于城堡或村庄北部。有城堡的村庄,真武庙多位于城堡北部,其中位于北墙庙台之上者有 118 座例,位于北门顶者有 2 座例,位于北门外瓮城内或北门外高台之上的有 5 座例,建于北墙内侧的有 14 座例,建于堡内的有 16 座例,建于西墙上的有 1 座例;未建城堡的村庄中(包括山区或深沟中的村庄),真武庙位于村北台地上的有 17 座例,其他情况的有 8 座例。对于真武庙的选址,《蔚县真武庙调查报告》[1]进行了专门的探讨。

在田野考察中,共发现 12 通真武庙的重修碑记与 1 处壁画题记(表 26.1)。重修石碑的碑文少有提及始创时间,仅代王城镇石家庄村清康熙五十八年(1719)的重修碑文记载了该村真武庙始创于明正德十年(1515),这是蔚县境内目前已知的唯一明确记载创始时间的真武庙碑记。

表 26.1　真武庙重修碑记与壁画题记一览表

位　　置	载体形式	年　　代
代王城镇新家庄真武庙	壁画题记	乾隆四十四年
代王城镇石家庄真武庙	《重修碑记》	康熙五十八年
下宫村乡苏贾堡真武庙	《重修□王帝庙碑记》	道光十四年

---

[1]　尚珩、程长进、关琪:《蔚县真武庙调查报告》,《文物春秋》2014 年第 5 期。

位 置	载体形式	年 代
下宫村乡苏邵堡真武庙	《重修关帝庙地藏殿玄帝宫堡门楼碑记》	乾隆二十一年
	《重修武帝庙碑记》	民国十三年
南留庄镇曹疃东堡真武庙	《重修玄帝庙碑文》	乾隆四十八年
南留庄镇水东堡真武庙	《重修真武庙碑记》	乾隆五十八年
南留庄镇白后堡真武庙	石碑	嘉庆十年、十四年、十五年，道光元年、三年、四年
南留庄镇大饮马泉真武庙	砖匾	乾隆岁次□□年
南留庄镇小饮马泉真武庙	《重修玄帝庙序》	乾隆三十二年
白草村乡咸周真武庙	砖匾	同治十年
柏树乡王家庄南堡真武庙	玄帝庙碑 墨书题记 墨书题记 壁画题记	天启四年 乾隆二十年 乾隆三十年 同治十年

第三节　真武庙壁画研究

真武庙壁画一般绘于殿内正壁、两侧山墙上，正壁壁画题材为真武帝《坐堂议事图》，两侧山墙壁画题材可分为 5 类，以表现真武本生与显圣故事和护法元帅、护法天君列队为主。因此，壁画中出现的神祇数量较多，各庙也不完全一致。

一、正壁真武帝《坐堂议事图》

真武帝《坐堂议事图》中，正中为真武大帝像，真武帝两侧分列周公与桃花女、持旗的七星旗君与持剑的剑童，以及护法四元帅与护法八天君。其中，除真武帝、周公与桃花女是每例必出现外，其他两组神祇有完整出现的，也有部分出现的，其目的是更加体现真武的威严。以下先对《坐堂议事图》中主要神祇的传说与形象进行探讨。

（一）《坐堂议事图》中主要神祇的传说与形象

真武帝　依《新刻出像增补搜神记》记载："元始乃命玉皇上帝，降诏紫薇，阳则以周武伐纣，阴则以玄帝收魔，间分人鬼，当斯时也，上赐玄帝披发跣足，金甲玄袍，皂纛玄旗，统领丁甲，下降凡世，与六天魔王战于洞阴之野。"[1]根据这一记载，正壁中的真武形象一

---

〔1〕　佚名：《三教源流搜神大全》，中华书局，2019 年，第 28 页。

般来说,身材魁梧高大,头顶项光,圆脸而留着稀疏的胡须,披发跣足,身着沥粉贴金之武士甲胄,右手持剑,左手握袍,脚踩相缠的龟蛇。两侧山墙壁画中的真武帝形象分为三个阶段:第一阶段为太子形象;第二阶段为修行时的形象;第三阶段为得道成圣的形象,其与正壁真武帝形象相近。

周公与桃花女 周公、桃花女即金童、玉女,源于元明戏曲和小说。桃花女的故事在民间流传久远,元代已有《桃花女破嫁周公》杂剧。周公善卜,桃花女善解禳,二人最后都为真武帝所收伏。在北方城村真武庙中,有"周桃来归降"壁画,代表的是周公、桃花女归降真武帝。在代王城镇张南堡正壁真武《坐堂议事图》中,周公与桃花女分立真武帝的两侧(图 26.1、26.2)。

图 26.1 代王城镇张南堡真武庙正壁·周公

图 26.2 代王城镇张南堡真武庙正壁·桃花女

对于各神像的研判,除以上的主神像真武帝与两侧的周公、桃花女外,《坐堂议事图》中其他各神,如七星旗君、剑童、护法四元帅、护法八天君等均无文献记载,仅能从壁画榜题中研判。

七星旗君与剑童 在北方城村真武庙两侧山墙壁画中有"收下七星旗"榜题,其人物形象是典型的七星旗君(图 26.3);在下宫村乡苏贾堡真武庙山墙壁画中出现"收降剑旗"榜题。因此从榜题与人物形象考察,基本可以判定在真武帝两侧后方护卫的是归降真武的七星旗君与剑童。

图 26.3　涌泉庄乡北方城真武庙西壁·收下七星旗

护法四元帅　即马、赵、温、关。在《北方真武祖师玄天上帝出身全传》《北游记》中，四元帅都被真武大帝收为部将，成为 36 员天将成员。马元帅即马天君，又称华光天王或华光大帝，手持金枪或剑；赵元帅即赵公明，手持铁鞭或宝珠；关元帅即关圣帝君、关帝爷、关公，手持青龙偃月刀；温元帅即温琼(一说为雷琼)，左手执玉环。马元帅生得白如雪，赵元帅黑如铁，关元帅赤如血，温元帅青如靛。四大元帅是用来驱邪禳灾的四大神将，在民间颇受人们敬仰。

护法八天君　即道教雷部二十四位护法天君成员，其中被画入蔚县真武庙壁画中作为护法神的有八位。护法八天君中，有四位为黄花山大王，四位为二龙山黄峰岭绿林人。

对护法四元帅与护法八天君的研究，是解开蔚县真武庙壁画中各神像名称最重要的一步，目前国内对真武庙壁画中护法四元帅与护法八天君的研究几乎为空白。唯一的线索就是按照蔚县壁画的规律：正壁绘画中的神、人或物有可能在两侧山墙壁画中出现，可依据两侧山墙连环画式真武本生故事壁画中出现的真武收伏的几位大将、神祇，以及遗留的榜题等进行比对，从而破解护法元帅与天君的形象与手持的法器。

护法元帅方面，曹疃西堡真武庙山墙壁画中各绘有 2 位护法元帅与 3 位护法天君，在正壁外侧还绘有2位天君,每一位元帅与天君上方均有榜题。其中,东侧榜题尚可辨认,西侧两个榜题为白灰浆所覆盖。这是蔚县真武庙内的全套护法阵容的标配。

上为东壁,下为西壁

先天一炁张天君	混元庞天君	左雷大魔苟天君	正乙灵官马元帅	地祇主令温元帅
天医五□	洞神刘天君	右雷□□□天君	黑虎玄坛赵元帅	神霄伏魔刘元帅

壁画中,东壁的正乙灵官马元帅、地祇主令温元帅,便是护法的马元帅、温元帅;西壁的黑虎玄坛赵元帅、神霄伏魔刘元帅,榜题明确的是护法赵元帅,尚缺关元帅,但从壁画中人物形象与手中兵器来看,神霄伏魔刘元帅手持青龙偃月刀,应代表的是关元帅关羽。

山墙壁画中还绘有6位天君,正壁绘有2位天君。东壁从北至南分别是:先天一炁张天君、混元庞天君、左雷大魔苟天君;西壁从北至南分别是:天医五□、洞神刘天君、右雷□□□天君。正壁外侧上部,东侧保存较好,画边框上方有榜题"歘火邓天君";西侧上方的榜题已毁,但结合其他真武庙壁画中邓忠、辛环成对出现的规律来看,其应为辛环。

《封神演义》中,闻仲讨伐西岐,路过黄花山,将结义兄弟邓忠、辛环、张节、陶荣一并收服,跟随闻仲一同出征。太师闻仲大战西岐之后,不幸兵败绝龙岭,后被姜子牙封神,邓忠、辛环、张节、陶荣等人被派到凌霄宝殿侍奉玉皇大帝,最后成为雷部二十四位正神。

邓忠邓元帅,为雷部诸元帅之首,黄花山大王,被太师闻仲收归旗下。传称其"银牙耀目""火焰绕身",使斧,后被哪吒刺死。

辛环辛天君,是雷部二十四位正神之一,黄花山二大王,背上长有肉翅,被太师闻仲收在旗下,手持锤钻。虎头冠,面如红枣,尖嘴獠牙,狰狞异常。后被雷震子一棒打死。有"二翅空中响,头戴虎头冠,面如红枣色,顶上宝光寒,锤钻安天下,獠牙嘴上安,一怒无遮挡,飞来势若鸾"之赞。

张节张天君,黄花山三大王,被太师闻仲收在旗下。使枪。被武成王黄飞虎刺死。

陶荣陶天君,黄花山四大王,被太师闻仲收在旗下。使铜。有聚风幡一面,可飞沙走石,播土扬尘,天昏地暗。被黄天祥所杀。

庞洪、苟章、毕环、刘甫皆为二龙山黄峰岭绿林人,被殷洪收服,归于旗下。庞洪庞天君,被哪吒用乾坤圈一圈打下马去,复胁下一枪刺死。苟章苟天君,被黄天祥刺于马下。毕环毕天君,被杨戬一刀杀死。刘甫刘天君,被邓九公一刀砍于马下。

由于壁画中天君所使用的兵器与传说中各天君所使用的兵器无法一一对应,若要将壁画中的天君全部辨识清楚,还需要做更多的研究。

(二)真武帝《坐堂议事图》分析

据田野调查,真武庙正殿(北极宫)内正壁遗留的真武《坐堂议事图》共有18幅。因粉本的不同及殿堂开间所限,正壁壁画所展现的形式与神祇数量也有所不同。一般来说,三开间殿堂因墙壁空间大,所绘神祇相对较多,或者在排列上相对宽疏,显得很有气场,明间多与两侧次间连为一体。而单开间殿的正壁因空间小,诸神祇挤于一堂,只有中间的真武大帝显得高大,而两侧的护法元帅或天君梯次排列降低,而且很少表现全部神祇。以三开间形式表现真武《坐堂议事图》者,在蔚县遗留的数量不多,目前发现 5 座;以单开间形式表现真武《坐堂议事图》者,目前至少发现了 10 座。

正壁保存最为完整的真武《坐堂议事图》位于下宫村乡苏邵堡,同时也是单开间真武庙《坐堂议事图》中最为典型的一幅。图正中为真武帝,身材魁梧高大,留有胡须,身着黑色沥粉贴金之武士甲胄,右手持剑,左手半握食指向上,脚下是相缠的龟蛇。但真武帝的形象与文献中描述的略有区别,如缺少头顶项光,左手握袍变为左手半握食指向上,相缠的龟蛇也不是踩于脚下(图 26.4)。

图 26.4　下宫村乡苏邵堡武帝庙玄帝宫正壁

真武帝的侧后方,东侧持剑鞘者为剑童,西侧持旗者为七星旗君。左右两侧,东为桃花女,西为周公。簇拥在周边的是四元帅与四天君,下部为护法四元帅,即东侧为手执玉环的温元帅温琼与手持金枪的马天君马元帅,西侧为手持青龙偃月刀关元帅关圣帝君与手持铁鞭的赵元帅赵公明。上部两侧还各有 4 位天君。

　　根据形象推测,东侧上排内侧雷公形象人物的可能为辛环;西侧上排内侧戴乌纱帽的可能为邓忠。在北方城真武庙中,有"收邓忠辛环"榜题,雷公形象的为辛环,戴乌纱帽的为邓忠,由此判定了辛环与邓忠。

　　传说中邓忠、辛环、张节、陶荣为黄花山结义兄弟,因此其余两位是张节、陶荣可能性较大,且与曹疃西堡真武庙两侧山墙壁画中张节、陶荣进行比较,可推测东侧持剑的为张节张天君、西侧持剑的为陶荣陶天君。

　　涌泉庄乡北方城真武庙正壁所绘的《坐堂议事图》也是蔚县真武庙同类题材中保存较好者。但其整体布局与下宫村乡苏邵堡的有所不同,其正中设神龛,龛中供真武与桃花女、周公塑像,壁画绘于神龛台两侧的东、西次间后墙上,各绘有 2 位护法元帅与 4 位护法天君。护法四元帅即东次间下排中间为手持金枪的马天君马元帅,下排东侧为左手执玉环的温琼温元帅;西次间中间为手持铁鞭的赵公明赵元帅,西侧为关圣帝君关元帅,手持青龙偃月刀。而对护法八天君的人物判定,需要与其他壁画进行比较。

　　北方城与下宫村乡苏邵堡所绘《坐堂议事图》,无论从色彩,还是神祇形象上,均很相似,虽然神祇数量不一致,但也不排除是同一时期的可能,甚至用了同一个粉本。将两处正壁绘画进行比较,北方城真武庙正壁两次间上排内侧两位分别为辛环辛天君、张节张天君(东次间,图 26.5)与邓忠邓天君、陶荣陶天君(西次间,图 26.6),而其中的张节使枪,陶荣使锏,与传说中的兵器是一致的。而庞洪、苟章、毕环、刘甫 4 位天君,由于没有其他图像进行比较,还无法一一对应。

　　结合南留庄镇曹疃西堡真武庙两侧山墙与正壁壁画中的榜题,可得知各位元帅与天君所在的方位。由此可以初步判定:

　　东次间:下排中间为马天君马元帅,手持金枪;下排东侧为温元帅温琼,左手执玉环;上排中间持长枪的为混元庞天君,两位持剑的上排东侧为先天一炁张天君,下排西侧为左雷大魔苟天君。

　　西次间:下排中间为赵元帅赵公明,手持铁鞭;下排西侧为关元帅关圣帝君,手持青龙偃月刀;上排中间为天医五□□,上排西侧为洞神刘甫刘天君,下排东侧为右雷□□□天君。

　　在真武帝《坐堂议事图》中,诸神位置、布局方面亦非固定,也存在差异,主要是周公、桃花女及七星旗君、剑童方位的不同对调。经过对遗留的 13 幅保存较好的《坐堂议事图》壁画的分析,两种方位基本是各占一半。

　　周公居东、桃花女居西者共有 6 幅,即蔚州镇北樊庄真武庙、宋家庄镇吕家庄南堡真武庙、南留庄镇曹疃西堡真武庙、南留庄镇水东堡真武庙、南留庄镇小饮马泉真武庙、北水泉镇罗家堡真武庙等。

图 26.5　涌泉庄北方城真武庙北极宫西次间正壁

图 26.6 涌泉庄乡北方城真武庙北极宫东次间正壁

周公居西、桃花女居东者共有 7 幅，即涌泉庄乡高利寺真武庙、代王城镇张南堡真武庙、代王城镇张中堡真武庙、代王城镇富家堡北堡真武庙、杨庄窠乡高家洼真武庙、下宫村乡苏贾堡真武庙、下宫村乡苏邵堡真武庙等。

从地域分布来看，南留庄镇、宋家庄镇与蔚州镇等地域周公居东、桃花女居西占多数；代王城镇、下宫村乡、涌泉庄乡等地域周公居西、桃花女居东占多数。

七星旗君、剑童的方位，与周公、桃花女的方位基本是一致的，目前仅有代王城镇张中堡真武庙、宋家庄镇吕家庄南堡真武庙正壁因七星旗君、剑童的形象特征不明显，通过判定七星旗君、剑童后，其方位与周公、桃花女刚好相反。

（三）真武帝《坐堂议事图》神祇的数量与山墙绘画的关系

真武帝《坐堂议事图》神祇的数量与山墙壁画存在一定的联系，需要结合山墙壁画做进一步分析，目前主要有以下 2 种情况。

1. 山墙壁画为连环画式的《真武本生与灵应经变图》

此时正壁的真武《坐堂议事图》是相对独立的，与两侧山墙表现的是不同的场景，正壁中必有护法四元帅和护法天君，但天君一般不会全部出现，而是依画面构图需要，出现频率较高的是护法八天君中的邓忠与辛环。

这类题材的正壁壁画目前遗留较为完整者有 11 处，也是蔚县真武庙《坐堂议事图》的主流风格。这其中只有涌泉庄乡北方城真武庙（东西次间）、代王城镇张中堡真武庙（图 26.7）、下宫村乡苏贾堡真武庙（图 26.8）、白草村乡西户庄真武庙（图 26.9）等 4 处绘有全部的 8 位天君，南留庄镇水东堡真武庙（图 26.10）仅绘 6 位天君。

而杨庄窠乡高家洼真武庙（图 26.11）由于画面污损严重，还有至少 6 位护法元帅与护法天君的神像，但其表现的形象中缺少典型的护法四元帅。

图 26.7　代王城镇张中堡真武庙正壁

图 26.8　下宫村乡苏贾堡真武庙正壁

图 26.9　白草村乡西户庄真武庙正壁

图 26.10　南留庄镇水东堡真武庙正壁

图 26.11　杨庄窠乡高家洼真武庙正壁

2. 两侧山墙绘有护法四元帅与护法八天君

此时正壁的《坐堂议事图》延伸到两侧山墙,整个殿堂内的壁画形成真武坐堂议事的场景。正面一般来说只绘有真武帝、周公与桃花女、七星旗君与持剑的剑童,或再加上两位护法天君,如邓忠与辛环,而两侧山墙分列护法四元帅与其他护法天君。这类题材的壁画目前遗留较为完整者有4处,即代王城镇张南堡真武庙(图26.12)、宋家庄镇吕家庄南堡真武庙(图26.13)、南留庄镇曹疃西堡真武庙(图26.14)、南留庄镇小饮马泉真武庙等。

南留庄镇曹疃西堡真武庙是该类题材壁画中唯一在正壁天君上留有榜题的。在画的外侧上部,东侧上方边框的榜题为猷火邓天君;西侧已毁坏,但按对称原则判定,西侧上方可能为辛环。雷公形象的榜题为邓天君,此处题字的匠人有可能将辛环与邓忠的题字混淆了。

(四) 正壁绘画特例

1. 正壁绘连环画与随从

在田野调查中,我们发现并不是所有的真武帝《坐堂议事图》都绘有护法元帅与天君,如常宁乡东宁远店真武庙正壁壁画(图26.15、16),便是与众不同的一幅,也是蔚县唯一的一幅未出现护法四元帅、护法天君将,以及将连环画绘于正壁的真武庙,说明这堂壁画的粉本完全不同于蔚县其他地区所流传的。

该真武庙正殿坐北面南,面阔三间,正壁明间前供桌上,供奉三尊塑像,中间为真武帝,右手持剑,两侧分别为周公与桃花女。塑像后的明间正壁绘有拱形的几何图案,几何方框内绘有花卉,两侧各有升龙与降龙环绕。两侧次间分别立有6位神像,各神像手中持有宝剑。12位神像在体态和表情上完全没有护法四元帅与护法天君的威武,尤其是西次间的6位,从装束与脸部特征来看,更像是女性形象。为何此堂壁画中没有出护法四元帅与护法天君,以及12位神像分别代表何方神祇,还需进一步研究。

在神像的上方,两侧次间各绘有3幅连环画式壁画,内容源自《玄天上帝启圣录》,这6幅表现的场景都是《玄天上帝启圣录》后两卷中的内容,也是极为特殊的壁画题材。

东次间:相术指迷、签词应验、索钱二万。

西次间:良嗣感祥、朱氏舍利、(榜题毁)。

2. 正壁绘格扇背屏

真武庙因位置与众不同,正壁壁画内容亦特殊的一例是白草村乡钟楼村真武殿(图26.17)。真武殿位于堡内正中南北中心街钟楼顶部。殿内残存壁画。正壁正中绘一幅格扇背屏,两侧为楹联,上联为"金阙化身□电□□□□□",下联为"玉虚师相降魔伏道镇乾坤",中间壁画漫漶。从正壁布局来看,殿内正中可能塑有真武像。由于位于钟楼顶,其位置与众不同,该壁画内容在真武庙中并不多见。

图 26.12　代王城张南堡真武庙正壁

图 26.13　宋家庄镇吕家庄南堡真武庙正壁

图 26.14　南留庄镇曹疃西堡真武庙正壁

图 26.15　常宁乡东宁远店真武庙正壁·西

图 26.16 常宁乡东宁远店真武庙正壁·东

图 26.17 白草村乡钟楼村真武殿正壁

3. 正壁绘六丁六甲

真武庙正壁壁画除绘《坐堂议事图》外,在其两侧还发现分别绘六丁与六甲两组神将的案例。如代王城镇石家庄堡村真武庙,正壁两侧次间绘有六丁与六甲。石家庄真武庙正殿内新立塑像,新绘壁画。塑像后明间正壁绘有屏风,屏风上写有真武本生故事。屏风两侧东、西次间正壁各绘有 6 位神像,即六丁六甲。六丁六甲分别为:

东次间上排:甲子神将王文卿;甲寅神将明文章;甲辰神将孟非卿。

下排:甲午神将卫玉卿;甲申神将扈文长;甲戌神将展子江。

西次间上排:丁巳神将崔石卿;丁卯神将司马卿;丁丑神将赵子任。

下午:丁亥神将张文通;丁酉神将臧文公;丁未神将石叔通。

六丁与六甲　名称取自干支,此十二神最初是真武帝的手下大将。《续文献通考》载:"丁卯等六丁,阴神玉女也。甲子等六甲,阳神玉男也。"但对于六丁六甲的称谓,不同的文献有不同的记载。《三才图会》和《老君六甲符图》所记名讳如下:"甲子神将王文卿,甲戌神将展子江,甲申神将扈文长,甲午神将卫玉卿,甲辰神将孟非卿,甲寅神将明文章。丁卯神将司马卿,丁丑神将赵子任,丁亥神将张文通,丁酉神将臧文公,丁未神将石叔通,丁巳神将崔石卿。"

六丁与六甲在真武庙山墙壁画中亦有出现。如南杨庄乡九宫口南堡真武庙山墙壁画有"收伏六丁"与"收伏六甲",南留庄镇水东堡真武庙西壁中有"收伏六丁"(图 26.18)。

图 26.18　南留庄镇水东堡真武庙西山墙·收伏六丁

二、山墙壁画

真武庙正殿山墙壁画的粉本不尽相同,表现形式灵活多样。经过对遗留壁画的分析,山墙壁画题材有以下 5 种类型：《护法元帅与护法天君列队图》《星君捧笏朝拜图》《真武本生与灵应经变图（连环画式）》《真武本生与灵应＋护法元帅与护法天君混合图》《真武灵应与真武本生经变图（以宫殿为中心）》，如表：

表 26.2　真武庙山墙壁画题材分类

题材类型	数量
《护法元帅与护法天君列队图》	8
《星君捧笏朝拜图》	1
《真武本生与灵应经变图（连环画式）》	18
《真武本生与灵应＋护法元帅与护法天君混合图》	1
《真武灵应与真武本生经变图（以宫殿为中心）》	1

（一）《护法元帅与护法天君列队图》

两侧山墙绘有《护法元帅与护法天君列队图》。这是正壁的《坐堂议事图》由正壁延伸到两侧山墙，以蔚州古城，南留庄镇曹疃西堡、曹疃东堡，南留庄镇小饮马泉村，代王城镇张南堡村，宋家庄镇吕家庄村南堡，杨庄窠乡圣水泉等真武庙为典型，共遗留 8 例。从神祇分布来看，一般来说东壁绘有马天君马元帅、赵公明赵元帅、辛环辛天君、张节张天君、庞洪庞天君、苟章苟天君；西壁绘有关羽关元帅、温琼温元帅、邓忠邓天君、毕环毕天君、刘甫刘天君、陶荣陶天君。但部分壁画将辛环与邓忠绘于正壁，两侧山墙各绘剩下的护法元帅与护法天君。将正壁壁画与两侧山墙壁画连为一体，便完整展现了真武帝《坐堂议事图》。

南留庄镇曹疃西堡真武庙　是这一题材壁画保存最为完整者。正壁《坐堂议事图》外侧上部，东侧画边框上有榜题，为歘火邓天君；按对称原则来判定，西侧上方可能为辛环。两侧山墙壁画各绘有 2 位护法元帅与 3 位护法天君，每一位元帅与天君上方均有榜题，其中，东侧榜题尚可辨认，西侧 2 个榜题被白灰浆所覆盖。两侧山墙的各 5 位与正壁外侧的各 1 位，组成了 4 位护法元帅与 8 位护法天君的阵容，这是蔚县真武庙内全套护法阵容的标配（图 26.19）。

南留庄镇小饮马泉真武庙　正殿面阔三间（坐二破三式），正壁正中绘真武帝《坐堂议事图》，其最外侧东为手持铁锤的辛环，西为手持毛笔的邓忠。而在东西两侧山墙壁画中，分列有 4 位护法元帅与其他 6 位护法天君，每位神像肩部有榜题，但如今所记文字大多已消失，只有 2 幅可辨认，一幅为"赵元帅"，一幅为"庞元帅"（图 26.20、21）。

宋家庄镇吕家庄南堡真武庙　从气势来看，正殿两侧山墙壁画是蔚县同类题材中较宏大者。护法众神分列，每面山墙有 6 位，西山墙已全毁，东壁白灰墙皮脱落处露出 3 片壁画。从露出的壁画人物推断，每面绘有 6 位护法神像。东壁最南侧护法神像手执玉环，为温元帅温琼，其他护法神已无法看清。壁画神像高大魁梧，颇有气势，应是较早的粉本（图 26.22）。

图 26.19　南留庄镇曹疃西堡真武庙西壁

图 26.20　南留庄镇小饮马泉真武庙正壁

图 26.21　南留庄镇小饮马泉真武庙西壁

图 26.22　宋家庄镇吕家庄南堡真武庙东壁

南留庄镇曹疃东堡真武庙　正殿东西两侧山墙壁画虽涂刷白灰浆,但白灰浆脱落处露出壁画,每侧各有 2 位护法元帅与 4 位护法天君,神像顶部写有榜题。东壁榜题已难以释读,西壁从南向北依次可见的为邓天君、张天君(长枪)、庞天君(剑)。从色彩考察,壁画精美古朴,应为清中前期作品(图 26.23)。

(二)《星君捧笏朝拜图》

《星君捧笏朝拜图》以蔚州古城真武庙的场景最为宏大,且此类题材壁画仅存蔚州城真武庙一个孤例,其他地区的真武庙是否也存在此类题材壁画,目前已很难判定,但就蔚州城内的真武庙的历史与地位来看,是其他村堡的真武庙所不可比拟的,所以如此壮观的场景也只能在州城才能出现。

图 26.23　南留庄镇曹疃东堡真武庙西壁局部

　　壁画中人物高约 1.5 米左右,东西各为 7 位手持笏板、神态各异的星君。老者睿智,长髯飘逸,青年英俊洒脱,均透出一股仙风道骨之感。面朝正北的主神真武帝徐徐走来。七位星君前面各有 3 位人物,东壁为金童,西为玉女,手持宝幡作前导,回首引领一位尊者,手捧笏板向北朝拜真武大帝;后为侍童,东男西女,各手捧盘,东壁男童盘内托一轮红日,日中站立一只公鸡,西壁女童盘内托一轮黄月,月中卧一只白兔。绘画细腻传神,为上乘之作(图 26.24、25)。

图 26.24　蔚州古城真武庙东壁局部

图 26.25　蔚州古城真武庙东壁局部

（三）《真武本生与灵应经变图（连环画式）》

此类经变图以连环画形式呈现，表现的是真武本生与真武灵应的情景。通过对遗留壁画的分析得知，连环画的内容主要出自《玄天上帝启圣录》《真武灵应图册》以及民间传说等。

此类壁画皆是通过真武形象和服饰的变化塑造真武神话，即真武由托胎降生、太子生涯、辞亲志道，到潜心修道、接受考验、威镇北方（伏魔降妖）的历程。前3个阶段，即托胎降生、太子生涯、辞亲志道代表了真武"凡"的阶段；后3个阶段，即潜心修道、接受考验、威镇北方（伏魔降妖）则代表了真武入"圣"的阶段。整个壁画反映了真武脱凡入圣的曲折过程。

从田野调查来看，此类题材壁画至少遗留18例，其中保存较好者有涌泉庄乡北方城、柏树乡王家庄南堡、代王城镇富家堡北堡、下宫村乡苏邵堡、白乐镇白乐五村等处的真武庙。壁画根据山墙面积大小与单幅面积大小等因素，排列数量与画幅不尽相同。在纵向分布上，有2排、3排或4排；在横向分布上，从3列一直到9列皆有。单壁最多的是南留庄镇白后堡真武庙，壁画4排9列，共36幅，单壁最少者是下宫村乡苏邵堡真武庙，壁画3排3列共9幅。每幅画之间的分隔方式有采用直线条者，也有以山水云雾或花草作分隔者。

从粉本内容的来源看，主要以《玄天上帝启圣录》与《真武灵应图册》为主，虽在流传中其内容已受到民间的影响，但影响程度不一。有的受影响较小，能较完整地阐述典籍内容，如白草村乡西户庄真武庙壁画；有的受影响较大，其中掺入了更多的民间传说，如白乐镇白乐五村真武庙壁画。

白草村乡西户庄村真武庙 其壁画是受民间影响较小者之一，较完整地阐述了《玄天上帝启圣录》中的内容。正殿山墙壁画为连环画式，5排8列，每幅画皆有榜题。从榜题可以看出，其是在旧题字的基础上题写新字，个别题字与旧字交叉、重叠，造成识别困难（图26.26）。画面的排列顺序采用每列从上往下的竖排式，此种排列方式的真武庙壁画仅此一例。

东山墙

梦吞日月	经书默含	□□□□ （画毁半）	□□□□ （画毁半）	天灵分形	洞天云盖	归天泽日	圣相先锋
□□□□	慕道循真	□□□□ （画毁半）	□□□□ （画毁半）	玉京演法	悟杆成真	分判人鬼	唐献宝像
玉宫降诞	辞亲慕道	□□□□ （画毁半）	折梅寄榔	丹台受册	三天召□	五龙□圣	龟落玉宅
雾拥入宫	□□□□ （画模糊）	□□□□ （画毁半）	□□□□ （画模糊）	□□□□ （画模糊）	□□□□ （画模糊）	□□□□ （画模糊）	河魁擎鞘
□□□□ （画模糊）	□□□□ （画模糊）	二真显化 （画模糊）	□□□□ （画模糊）	□□□□ （画毁）	□□□□ （画毁）	□□□□ （画毁）	□□□□ （画毁）

图 26.26　白草村乡西户庄真武庙东壁

西山墙

降伏青龙	柯城识奸	守榔怀虫	陆传招诬	玉□中计	荆王双美	火炼金经	华氏杀鱼
朱氏金砖	洞真认厌	当殿谅法	魅缠安仁	陈妻附鬼	七从借名	符使借兵	风霖邹迁
助国一统	瓢倾三万	天降青枣	鬼般退□	施经救灾	□□□□	天赐票□	玉京较功
降伏□□	风浪救危	□磨□□	□剑驱虎	□□□□	□□悟化	真法侵钱	藩镇通和
灵□济斋	相术指选	□箭破龟	聚厅禁妖	王氏舍利	良氏感详	仲和辞□	焦氏一嗣

　　西户庄真武庙壁画与《玄天上帝启圣录》和《真武灵应图册》中相似的场景相比其他流传的图册内容要多，但总体来说与《玄天上帝启圣录》重叠度更高，虽然在流传中或绘画时榜题部分字为同音字或相同含义的字，甚至是错字，但在已能识别的榜题中除了有 7 幅在其中未找到外，其他均可以一一对上，而其中也只有少量的，如"梦吞日月"与"雾拥入宫"是其他庙中也常见的，这些有可能来自民间的传说。由此可见，此粉本源自《玄天上帝启圣录》的可能性较大。

　　从绘画手法与采用的颜料分析，这堂壁画应为清末民初时的作品。此时绘制的壁画粉本为何还会采用受民间传说影响较小的《玄天上帝启圣录》，其又是从何处传过来的，还需进一步研究。

表 26.3　白草村乡西户庄真武庙山墙壁画榜题比较[1]

西户庄	所在位置	真武灵应图册	玄天上帝启圣录
经书默含	东:第1排第2列	经书默会	经书默会
天灵分形	东:第1排第5列		神灵分形
洞天云盖	东:第1排第6列	洞天云盖	洞天云盖
归天泽日	东:第1排第7列	归天降日	归天降日
圣相先锋	东:第1排第8列	圣像先锋	圣像先锋
□□□□	东:第2排第1列	净乐仙国金阙化身	金阙化身
玉京演法	东:第2排第5列	玉清演法	玉清演法
悟杵成真	东:第2排第6列	悟杵成针	悟杵成针
分判人鬼	东:第2排第7列		分判人鬼
唐献宝像	东:第2排第8列	唐□宝像	唐宪宝像
玉宫降诞	东:第3排第1列	王宫诞圣	王宫诞圣
辞亲慕道	东:第3排第2列		辞亲慕道
折梅寄椰	东:第3排第4列	折梅寄椰	折梅寄椰
丹台受册	东:第3排第5列	琼台受册	琼台受册
三天召□	东:第3排第6列	三天诏命	三天诏命
五龙□圣	东:第3排第7列		五龙捧圣
龟落玉宅	东:第3排第8列		玫落王宅
河魁擎鞘	东:第4排第8列		河魁擎鞘
二真显化	东:第5排第3列		二真显化
柯城识奸	西:第1排第2列	柯诚识奸	柯诚识奸
守椰怀虫	西:第1排第3列		守卿禳虫
陆传招诬	西:第1排第4列	陆传招诬	陆傅招诬
玉□中计	西:第1排第5列		王虎中计
荆王双美	西:第1排第6列		荆王双美
华氏杀鱼	西:第1排第8列	华氏杀鱼	华氏杀鱼
朱氏金砖	西:第2排第1列	朱氏金□	朱氏金砖
洞真认厌	西:第2排第2列		洞真认厌

[1] 通过与《玄天上帝启圣录》相对照,对于壁画中数处模糊的榜题进行了补充与完善,如东壁第5排第3列的"二真显化"。

西户庄	所在位置	真武灵应图册	玄天上帝启圣录
当殿谅法	西:第2排第3列		当殿试法
魅缠安仁	西:第2排第4列	魅缠安仁	魅缠安仁
陈妻附鬼	西:第2排第5列	陈妻附魂	陈妻附魂
七从借名	西:第2排第6列		七从借名
符使借兵	西:第2排第7列		符吏借兵
助国一统	西:第3排第1列		宋朝一统
瓢倾三万	西:第3排第2列	瓢倾三万	瓢倾三万
天降青枣	西:第3排第3列		天降粟麦
鬼舨退□	西:第3排第4列		寇船退散
施经救灾	西:第3排第5列	施经救灾	施经救灾
天赐票□	西:第3排第7列	天锡青枣	天锡青枣
玉京较功	西:第3排第8列		玉京较功
风浪救危	西:第4排第2列	现海救危	现海救危
□剑驱虎	西:第4排第4列		裴剑驱虎
□□悟化	西:第4排第6列		元晏悟化
真法侵钱	西:第4排第7列		真法浸钱
藩镇通和	西:第4排第8列		藩镇通和
灵□济斋	西:第5排第1列	雪晴济路	雪晴济路
相术指选	西:第5排第2列	相术指迷	相术指迷
□箭破龟	西:第5排第3列	掷箭灭龟	郑箭灭龟
聚厅禁妖	西:第5排第4列	聚厅禁妖	聚听禁妖
王氏舍利	西:第5排第5列	朱氏舍利	朱氏舍利
良氏感详	西:第5排第6列	良嗣感祥	良嗣感祥
仲和辞□	西:第5排第7列	仲和□吏	仲和辞吏
焦氏一嗣	西:第5排第8列	焦氏一嗣	焦氏一嗣

此外,还有少部分真武庙山墙壁画粉本更多遵从了《真武灵应图册》中的内容,如杨庄窠乡高家洼真武庙。

杨庄窠乡高家洼真武庙 山墙壁画虽然采用连环画式布局,但表现内容与其他真武庙有所不同,内容上更加接近《真武灵应图册》。

山墙东壁、西壁各为 4 排 6 列连环画,每面共 24 幅,共计 48 幅。连环画之间用云海与山石隔开(图 26.27、28)。多数画面榜题可辨认,仅最下 1 排或其他个别受损。

东壁

凯还请睞	天宫嘉庆	玉清演法	真庆仙都	玉陛朝参	白日上升
□□□□	折梅寄柳	金刚引路	蓬莱仙侣	五龙捧圣	三天诏命
二虎相随	白猿献果	见主群臣	天官赐剑	元君授道	二神送路
□□□□	□□□□	□□□□	□□□□	□□□□	□□□□

图 26.27　杨庄窠乡高家洼真武庙西壁局部

西壁

河魅擎鞱	供圣时重	洞天云盖	宝运重□	酒乐王宅	五圣显像
天四正带	消疹□□	圣剑垂粉	王氏怀鬼	守乡禳虫	番钞四千
芦芽穿膝	乌鸭灌顶	□天无□	孙隐遣煌	七从借名	奏锦延寿
□□□□	□□□□	□□□□	□□□□	□□□□	□□□□

从榜题内容来看,高家洼真武庙所采用的粉本与其他真武庙同类壁画粉本差别较大,内容上更接近《真武灵应图册》。描述从真武出生、太子出家到修行阶段的壁画较少,更多

的是悟道、成圣与灵应阶段的内容。但从画风与榜题中的错别字来看,这堂壁画仍表现出更加民间化的风格。

在真武庙壁画粉本的流传过程中,逐渐受各地区民间文化的强烈影响。如涌泉庄乡北方城真武庙、下宫村乡苏邵堡武帝庙玄帝宫、常宁乡东宁远店真武庙等,这些壁画是研究真武庙壁画民间化较为重要的案例。

图 26.28　杨庄窠乡高家洼真武庙东壁局部

涌泉庄乡北方城真武庙　该庙的山墙壁画是蔚县连环画式壁画中保存最为完整者,也是研究真武庙壁画民间化最具代表性的一堂壁画。两侧山墙连环画内容基本完整,属难得的珍品。左右壁画均为 4 排 6 列,各 24 幅,两壁共 48 幅,仅 1 幅壁画的榜题文字漫漶(图 26.29)。

东山墙

乌鸦礶玉顶	沐浴净身体	梅鹿献芝草	二虎把古洞	猿猴指仙路	夜晚观星月
太子离朝纲	文武来饯行	樵夫来引路	太子遇猎人	天官赐神剑	指剑成玉河
北门逢僧人	西门逢死者	南门遇病人	东门遇老翁	太子演武厅	太子入学堂
白象来投胎	夜梦腾日月	降生玉真人	五龙吐神水	姨母养育子	皇帝来礶顶

西山墙

周桃来归降	收邓忠辛环	温良马善服	武当接玉旨	修盖真武殿	威严北极宫
大战龟蛇将	收下七星旗	天神赐玉印	捧圣上天堂	斩杀讽魔女	□□□□□
威武气来侵	井满能自溢	舍身养鹰雄	铁杆磨绣针	心肝净沐浴	太白赐金甲
财帛若浮云	色不缠身体	酒不迷真性	三更伴虎眠	神龟献天书	猿猴献仙桃

壁画的排序和故事情节的安排,反映了真武帝脱凡入圣的曲折过程。其中:

1～6 幅　即:白象来投胎、夜梦腾日月、降生玉真人、五龙吐神水、姨母养育子、皇帝来礤顶。玄帝的形象除皇帝来礤顶为少儿形象外,其余都是赤身裸体的婴儿形象,此段描绘的是太子托胎降生的故事。

7～12 幅　即:太子入学堂、太子演武厅、东门遇老翁、南门遇病人、西门逢死者、北门逢僧人。玄帝形象为头戴太子金冠、身着绿色镶金彩袍的皇太子形象。此段描绘的故事是玄帝作为净乐国太子修文习武,在东西南北四个城门分别遇见"生老病死"的故事。此段生涯经历是诱发太子辞亲志道的重要原因。

13～17 幅　即:太子离朝纲、文武来饯行、樵夫来引路、太子遇猎人、天官赐神剑。玄帝形象是头戴道冠、身着绿色镶金彩袍的皇太子形象。此段描绘的是太子辞别父母和群臣,出家修道的过程。此段太子的形象由上一段的"太子金冠"向"道冠"的变化,也象征着由太子生涯向辞亲志道的转变。

18～26 幅　即:指剑成玉河、夜晚观星月、猿猴指仙路、二虎把古洞、梅鹿献芝草、沐浴净身体、乌鸦礤玉顶、猿猴献仙桃、神龟献天书。太子形象是头梳两个发髻,身着黑色镶金袍的形象。此段描绘的是太子正式开始摆脱凡尘,潜心修道的故事。

27～37 幅　即:三更伴虎眠、酒不迷真性、色不缠身体、财帛若浮云、威武气来侵、井满能自溢、舍身养鹰雄、铁杆磨绣针、心肝净沐浴、太白赐金甲、□□□□□。玄帝形象为披发佩剑、身着黑色镶金袍的真武形象。此段真武的形象类似于真武神惯常的文神形象,因此也可称为文神真武,这与此段故事强调表现真武的内在修为主题相一致。本段故事主要描绘真武在修道的过程中,克服酒色财气等各种诱惑考验的经历,是战胜诱惑考验的阶段。

38～48 幅　即:斩杀讽魔女、捧圣上天堂、天神赐玉印、收下七星旗、大战龟蛇将、周桃来归降、收邓忠辛环、温良马善服、武当接玉旨、修盖真武殿、威严北极宫。玄帝形象为惯常所见的真武武神形象,即披发持剑、身披金甲黑色战袍,威风凛凛的武将形象。这也与此段故事描绘的玄帝伏魔降妖,武力收服部将,最后接玉帝玉旨,威镇北方的故事相一致。最后一幅"威严北极宫"暗含着双关的意义：一是指玄帝修道成功，接玉帝玉旨，威镇北方；二是指玄帝就威严坐镇着本庙"北极宫"。

"威严北极宫"是所有连环画中最后的一幅，表现的是真武帝坐堂议事，图中人物与格局也是蔚县多数真武庙正壁壁画所表现的，即正中为真武庙，两侧为七星旗君（东）与剑童（西），外侧为桃花女（东）与周公（西），威立在两侧的是四大护法元帅，手持金枪的马天君马元帅与左手执玉环的温元帅温琼（东），手持铁鞭的赵元帅赵公明与手持青龙偃月刀关元帅关圣帝君。

图 26.29　涌泉庄乡北方城真武庙西壁·威严北极宫

下宫村乡苏邵堡武帝庙玄帝宫　正殿山墙各绘 3 排 3 列的连环画，该庙也是真武庙连环画式壁画中画幅最少的，同时也是同类题材中保存较好的。

壁画画幅虽仅有 18 幅，但完整表现了真武由托胎降生、太子生涯、辞亲志道、潜心修道，到接受考验、伏魔降妖、威镇北方的完整过程。除东、南、西、北遇见老、病、死与僧人是将故事情节展开叙述外，其他皆是通过每个阶段 1～2 幅典型的情节，将这个阶段展示给信众。这是一堂画幅不多，但却能完整表现内涵的典型壁画（图 26.30、31）。

东壁

北遇僧人	太子离朝	玉皇赐剑
东遇老人	南遇病人	西遇死人
梦吞日月	五龙吐水	太子入学

图 26.30　下宫村乡苏邵堡武帝庙玄帝宫东壁

西壁

收扶龟蛇	怒斩魔女	五龙捧圣
天神赐甲	观音磨针	寡肉味鹰
猿猴指路	剑指成河	二虎把洞

图 26.31　下宫村乡苏邵堡武帝庙玄帝宫西壁

常宁乡东宁远店真武庙 正殿山墙为连环画式壁画,4 排 8 列,每幅壁画皆有榜题,榜题由 4 字组成,东壁仅 1 个榜题受损严重,西壁有 7 幅榜题无法辨认。从壁画风格来看,应为清晚期的民间工匠作品。壁画内容源于《玄天上帝启圣录》。这是蔚县真武庙山墙壁画中保存数量多且画面完整性较高的一堂壁画(图 26.32、33)。

东壁

琼台受冉	进明显圣	胡清弃业	焦氏一嗣	焦湖报恶	降魔洞阴	玉京较功	白日上升
□雀冠顶	铁杵磨针	白猿献果	姜女献花	剖腹洗心	降服龟蛇	太子脱凡	五龙捧圣
芦芽穿膝	茅山打坐	玉皇赠剑	猛虎引路	跨鹤出宫	文武谏奏	太子辞朝	金星点化
□□□□	□□投胎	托树降生	□盆□□	宫娥报□	大赦夭□	太子□文	□□□武

图 26.32　常宁乡东宁远店真武庙东壁

西壁

裴剑驱虎	陆傅招诬	王虎中计	王氏怀鬼	真法浸钱	灵宫咒水	神化红婴	高圣降凡
□箭威龟	舍身求雨	劫院就擒	□□□□	神灵分形	玫落□□	复仁坎宫	□□清都
守乡禳虫	附雨祈晴	二士化光	藩镇通和	□□□□		洞天云□	供圣重时
(榜题毁)	风□□□	□□□□	分判人鬼	地面迎蟠	□□□□	谷岩□□	□□□□

注:4 排 2 列"风□□□"应为"风浪救岩";1 排 6 列"灵宫咒水"应为"灵功咒水";2 排 6 列"玫落□□"应为"玫落王宅";
　　2 排 7 列"复仁坎宫"应为"复位坎宫";4 排 7 列"谷岩□□"应为"谷岩修果";2 排 8 列"□□清都"应为"凯还清都"。

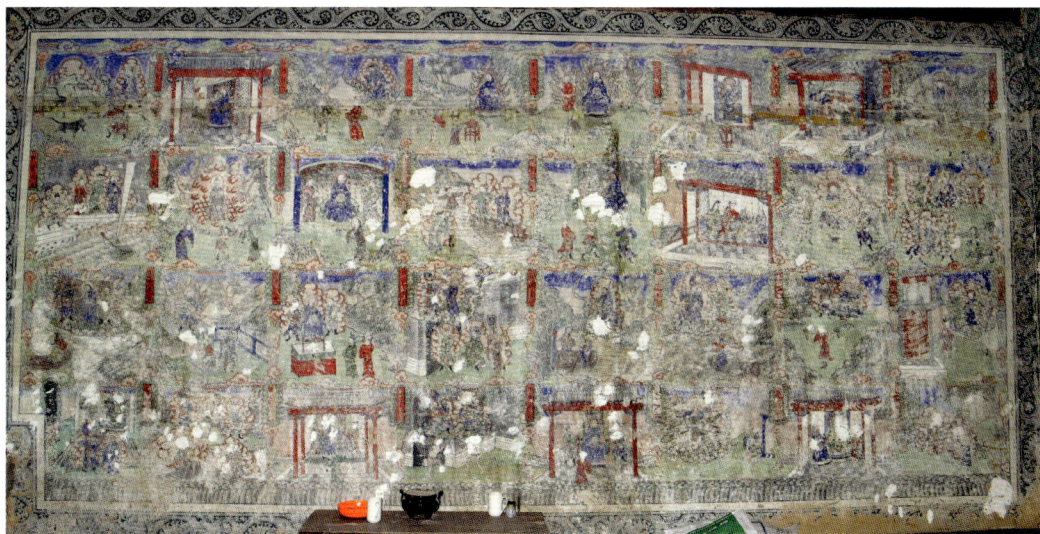

图 26.33　常宁乡东宁远店真武庙西壁

此堂壁画内容源于《玄天上帝启圣录》，但深受民间文化的强烈影响。其中，东壁"五龙捧圣"之前所叙述的太子出生、出家、修行、悟道部分共有 24 幅，比起《玄天上帝启圣录》中多了 8 幅，而更多的是民间演绎的故事，尤其是受佛传中悉达多太子成佛前的影响非常明显。自"五龙捧圣"起，真武开始显圣、除魔、救难，这部分内容多源自《玄天上帝启圣录》，虽然仅有个别错字，但顺序上却毫无章法，说明民间工匠对《玄天上帝启圣录》中的内容还没有完全理解，绘画过程中，如果粉本顺序弄乱，便会造成壁画顺序的混乱。

个别真武庙山墙壁画在流传中受民间影响较大，掺入了更多的民间传说，如白乐镇白乐五村真武庙壁画等。

白乐镇白乐五村(芦家堡)真武庙　是蔚县真武庙壁画同类题材中受民间影响较大的一堂。该堂壁画表面原涂刷有白灰浆，2008 年清洗，基本再现原画风貌。壁画为连环画式，共 4 排 7 列，每幅皆有榜题。东壁壁画保存较好，色彩鲜艳；西壁壁画不如东壁，保存较差。

东山墙

□□□□	黑虎驼经	白猿献桃	麋鹿献花	鹊雀灌顶	□□串胜	玉皇赠剑
文武苦留	跨鹤出城	金星指路	乌鸦领路	跨虎澄山	二虎把门	铁杆磨针
太子辞母	回朝辞父	出关闲游	太子演武	太子习文	恩赦出朝	官娥报喜
□□□□	祷天求后	梦吞日月	白象投胎	夜梦金阙	托树降生	金盆沐浴

西山墙

讲经于女	捧经于男	道子传真	真人启奏	七圣归天	真人捧敕	敕封北极
百姓供奉	路渡百姓	五圣归天	暗渡县官	威镇武当	黄河显圣	□□□□
启奏上清	启奏玉清	□□□□	□□□□	天宫启□	□□□□	□□□□
天宫启旨	启奏□清	□□□□	□□□□	□□□□	□□□□	□□□□

壁画榜题下方留有题写供养人的空白栏,但仅在东壁"二虎把门"榜题下方保存有供养人信息:"刘家巷韩门王氏施银三钱三分。"

此堂壁画东壁起于第 4 排第 1 列,呈之字形向上,止于第 1 排第 1 列;西壁起于第 4 排第 7 列,呈之字形向上,止于第 1 排第 7 列。东壁描述了太子出身到出家修行;西壁第 4 排第 2 列为"启奏□清",此时已出现真武帝的形象,到第 2 排第 5 列"威镇武当"后,真武开始解民间百姓之苦难,直至"敕封北极"。

这堂壁画受民间影响较大,尤其是将佛传中的一些内容移植到壁画中,与《玄天上帝启圣录》相比,内容展现与榜题用语有较大的差别,是研究真武庙壁画在蔚县民间化的重要案例。

柏树乡王家庄南堡真武庙　正壁明间与东次间墙壁坍塌,壁画已毁,西次间残存;东山墙保存较好,但北侧墙皮已空鼓;西山墙局部破损。东壁壁画的南侧边缘,尚存一列题记,前后段漫漶,中间一段为"同治十年七月廿八日下雨尽夜卅日下雨八月初三日晚此上房倒",题记为断定年代提供了线索。

两侧山墙壁画为 4 排 8 列的连环画,各有 32 幅,共 64 幅;正壁西次间残存 4 排 3 列,推测东次间也为 4 排 3 列,正壁两个次间共有 24 幅。整堂连环画共 88 幅,数量上为蔚县真武庙之冠。如今,东壁保存最为完整,32 幅全部保存;西壁因北部坍塌,保存南部的 6 列半,共有 24 幅完整;正壁西次间保存 12 幅;东次间墙体已坍塌。一共有 68 幅壁画尚存(图 26.34)。

东山墙

左胁降生	金盆沐浴	引见君王	国母养育	太子游园	太子习文	太子习武	三清点化
毛山打坐	二虎引路	远离皇宫	出宫商惨	送出皇宫	辞别国母	辞别君王	太子骂妃
白鹤同伴	仙人献果	麋鹿来参	比丘□□	神人说法	摩王奉送	桥夫问信	国舅参见
比丘说法	猿猴献宝	割肉喂鹰	舍身喂虎	麋鹿送路	仙人指路	上清显化	国舅面朝

西山墙

国王应□	玄帝显圣	□□□□	真人受法	玉皇制晏	三曹对案	□□□□	□□□□
道子传真	野兽恕罪	魔王朝圣	君民瞻养	魔女说对	魔王受降	民女传法	□□□□
胞腹法心	胞□磨针	太子□□	肤梁磨针	玉龙□□	降伏魔精	收伏柳精	□□□□
玉皇赠剑	柳精恶魔	梅精恶魔	跨鹤出宫	参见国母	开斋破界	□□□□	□□□□

图 26.34 柏树乡王家庄南堡真武庙西壁

后墙西次间

	威镇武当	三圣归天
□□□□	国舅挢法	降伏勾毕
□□□□	降伏张陶	降伏唐柳
□□□□	□□□□	太子回朝

从排列顺序考察,应是从东次间后壁第 1 排,向东至东山墙第 1 排向南;然后第 2 排,从南向北,回到后壁第 2 排;第 3 排,第 4 排如此循环;东山墙回到后壁第 4 排最内 1 幅结束。再从此传至西侧,西侧从西次间第 4 排最内 1 幅开始,循环如东侧规律。从壁画表面的内容看,分为以下几个阶段:

1~7 左胁降生、金盆沐浴、引见君王、国母养育,真武的形象是赤身裸体或穿红兜的婴孩形象,此段描绘的是玄帝托胎降生的故事。

8~16 太子游园、太子习文、太子习武、三清点化、太子骂妃、辞别君王、辞别国母、送出皇宫、出宫商惨,玄帝形象为头戴太子冠、身着黑色镶边的皇太子形象。

17~41 从远离皇宫至比丘说法,玄帝形象是头梳两个发髻,身着黑色镶边袍的形象。此段描绘的是太子正式开始摆脱凡尘,潜心修道的故事。

42~44 在东次间正壁第 4 排,已毁不清。

45~51 太子回朝、□□□□、□□□□、□□□□、□□□□、开斋破界、参见国母,

玄帝形象又回为头戴太子冠、身着黑色镶边的皇太子形象,表现的是玄帝修行中回宫省亲的故事。

52~59 从跨鹤出宫、梅精恶魔、柳精恶魔、玉皇赠剑、胞腹法心、胞□磨针、太子□□、肤梁磨针。玄帝形象头梳两个发髻,身着黑色镶边袍的形象,从受恶魔侵扰,至玉皇赐剑后,披发佩剑。本段故事主要描绘真武在修道的过程中,克服恶魔、励志修行的故事。

60~70 玉龙□□、降伏魔精、收伏柳精、□□□□、□□□□、降伏张陶、降伏唐柳、降伏勾毕、国舅捽法、□□□□、□□□□。这一段主要表现真武降魔收获众将。玄帝形象为惯常所见的真武帝形象,即披发长须、身披金边黑色战袍,手持利剑,威风凛凛的武将形象。

71~88 民女传法、魔王受降、魔女说对、君民瞻养、魔王朝圣、野兽恕罪、道子传真、国王应□、玄帝显圣、□□□□、真人受法、玉皇制晏、三曹对案、□□□□、□□□□、□□□□、威镇武当、三圣归天。这一段主要表现真武开始传法、显圣、镇武当、归天的环节,玄帝形象也是常见的真武帝形象,披发长须、身披金边黑色战袍。

这其中有几个转折点:第一个是三清点化,从此开始骂妃、告别,进山修行;第二个是上清显化,山中修行结束,开始上路,并舍身、割肉等;第三个是回朝后,遇恶魔,得到玉皇赐剑,悟出铁杵磨针之道。

在这堂壁画中出现了"柳精恶魔""收伏柳精"等内容,将捉拿柳精的任务交由真武帝承担。柳精被人们视为妖害,因为蔚县境内柳树较多,村庄水塘周边更是柳树成荫,但蔚县的柳树枝杈招展,如果在黑夜观影,如同披头散发的恶鬼,因此当地都有柳树成精的传说。为防止柳树精扰民,一些神祇便扮演了捉柳树精除妖的角色。在蔚县其为五道神的职责,常出现在五道庙壁画中,由此说明这堂真武庙的壁画已开始与蔚县本地习俗相融合。

南留庄镇水东堡真武庙 正殿山墙绘有 4 排 7 列连环画,色彩艳丽,应为清中晚期作品(图 26.35)。

东山墙

档树折梅	铁杆成针	金河净身	租师驯脱	脱凡成圣	正气降魔	路逢龟蛇
天地赐剑	童真内练	贰虎把门	仙人进供	灵官护祐	猿□献果	贰圣谈经
钦赐袍带	元始传道	回围朝尊	太子演武	出□行围 (画模糊)	辞亲学道 (画毁)	谏阻群臣 (画毁)
□□焚祝	□□□□ (画毁)	□□□□ (画毁)	□□□□ (画毁)	□□□□ (画毁)	国王见喜 (画毁)	太平□□ (画毁)

注:"档树折梅"为"榔树折梅";"租师驯脱"为"祖师驯脱";"天地赐剑"为"天帝赐剑";"童真内练"为"童真内炼"。

图 26.35　南留庄镇水东堡真武庙东壁

西山墙

真武拜日	雪山升坐	接梅折柳	鸟鸣盖顶	美女来诱	裴剑驱虎	天官指路
郑箭灭龟	天罡带箭	蜀王归顺	圣箭重粉	收伏六丁		夜梦七星
水涌江钟（画模糊）	分判人鬼（画模糊）	北极降妖（画模糊）	朝见元始	□□来诏	圣真化腹	□□求□
井满自溢（画毁）	□□□□（画毁）	□□□□（画毁）	□□□□（画毁）	□□□□（画毁）	□□□□（画毁）	□□金殿

注："收伏六丁"占两列。

　　从壁画所绘内容来看,东壁壁画描绘了真武本生故事,西壁则主要以真武灵应故事为主。这些故事在武当传统的基础上,已糅进了许多民间有关真武大帝的传说。榜题文字上也进一步民间化,就连最著名的"悟杵成针""折梅寄榔""水涌洪钟"等,也改名为"铁杆成针""档树折梅""水涌江钟"等了,这些名字的改动,实际上是真武灵应故事进一步民间化的结果[1]。

---

〔1〕　肖海明:《真武图像研究》,文物出版社,2007年,第137页。

代王城镇富家堡北堡真武庙　正殿东、西两山墙内壁为连环画式,清代中后期作品,保存总体较完整。两侧各 3 排 4 列,共有 24 幅,壁画内容讲述了真武出生、修行与显灵的故事(图 26.36、37)。

东山墙

功成鹊飞	磨针点化	剑出七真	二虎惊梦
玉帝赐剑	灵官指路	大帝学射	大帝习文
梦中吞月	大帝降生	五龙戏水	□□朝王

图 26.36　代王城镇富家堡北堡真武庙东壁

西山墙

五龙捧圣	舍身斩妖	白猿献果	□□前朝真人
玉帝赐袍	云中收服龟蛇	二真点化	描画真像
□□□□	龟蛇出世	洞前遇魔	结梅插柳

图 26.37　代王城镇富家堡北堡真武庙西壁

下官村乡苏贾堡真武庙　正殿山墙壁画为连环画形式,4 排 5 列,采用直线分割为方形,每一幅画的左上角题有榜题,壁画内容表现了真武本生与真武帝显灵的故事(图 26.38、39)。

东墙

乌鸦冠顶	樵夫指路	二虎把洞	夜窥□象	乌鸦引路
东门遇生	太子辞朝	□饯送行	天官赐剑	剑指成河
西遇死人	□□□□	北门遇老	□□□□ (画被覆盖)	□□□□
白象□□	梦吞□月	□□□□ (画被覆盖)	□□□□ (画被覆盖)	(画被覆盖)

西墙

收降剑旗	阴阳正果	马温归元	降伏龟蛇	镇守□□
□主赐印	五龙捧圣	斩除疯魔	目无阴魔	天神赐甲
观□□云	色□□性	□□□□	铁杵磨□	□□□□
□□自溢	□□喂鹰	□□□□ (画模糊)	澡身浴德	猿猴献果

图 26.38　下宫村乡苏贾堡真武庙东壁局部

图 26.39　下宫村乡苏贾堡真武庙东壁局部

南留庄白河东真武庙 正殿两侧山墙壁画为连环画形式,3排5列,每幅皆有榜题。由于人为破坏与自然风化,壁画脱落、褪色较重,内容保存完整者较少。能释读的情节内容有五龙吐水、西门遇死等。从残存的色彩来看,其应为清末民初时所绘。

东山墙

（画被覆盖）	（画被覆盖）	（画被覆盖）	（画被覆盖）	（画被覆盖）
五龙吐□	北门遇生	东门遇病	□□□□	芦草穿身
□□□□	西门□死	南□□□	□□□□	□□□□

西山墙

□□点化	（画被覆盖）	（画被覆盖）	（画被覆盖）	（画被覆盖）
酒色□气	灵官显圣	五龙捧圣	□□□帅	□□□□
□□□□	□□□□	收伏二侍	大战□□	（画毁）

从东壁连环画中残存的数幅榜题与画中人物形象考察,壁画排列顺序较乱,"东、南、西、北"所遇"病、老、死、生",集中在2排2列3列与3排2列3列。而2排1列为"五龙吐□",为太子出生的场景;2排4列与3排出现了太子修行的形象。这种未按规矩绘画的做法,不知是画工不懂而随意为之,还是粉本即是如此,如今已很难去解读了。

除了上述保存较为完整的以山墙连环画形式展示真武本生与真武灵应经变图外,还有部分真武庙壁画受损严重,画面多数难以辨识,如涌泉庄乡高利寺真武庙、南杨庄乡九宫口南堡真武庙、南杨庄乡九宫口北堡真武庙、下宫村乡上宫村南堡真武庙、南留庄镇张李堡真武庙、南留庄白后堡真武庙、白草村乡白草村真武庙、白草村乡钟楼村真武殿、白草村乡咸周村真武庙等山墙壁画。遗留的点滴画面或极少的榜题中所展示出的历史信息,对于真武庙壁画的研究还是很有启发意义的。如:

南杨庄乡九宫口南堡真武庙 虽然壁画保存差,但绘有"收伏六丁"与"收伏六甲"的内容,在其他真武庙壁画中较少见。

南杨庄乡九宫口北堡真武庙 殿内墙壁表面多涂抹黄泥,黄泥局部脱落处可见残存的壁画,壁画漫漶,仅可见西壁部分壁画,为4排6列连环画形式。通过对西壁残存的数幅连环画榜题进行分析,西壁右下角是真武本生的第一幅,内容是"梦吞日光",顺底排向南,到第3排折向北,第2排再折向南,第一排"□□摸针",一直到"归蛇成□""五龙捧圣"。按蔚县真武庙壁画的正常顺序,该内容不应该出现在西壁,而是在东壁,到了"五龙捧圣"阶段,意味着修行已结束,成为真武圣人,此后便是显灵降妖等故事了。但从此西壁壁画布局来看,不会再展示显灵降妖等故事内容。西壁是完整的真武本生的故事,那么东壁画的内容又会是什么？由此推测，此真武庙有可能是多神共享。

白草村乡咸周村真武庙　山墙壁画为连环画形式，3 排 6 列，壁画表面覆盖白灰浆，仅有几处榜题可释读，从榜题所写内容看，该壁画与西户庄真武庙壁画有几幅画相似，且错字亦一致，可能来自同一粉本。

（四）《真武本生与灵应＋护法元帅与护法天君混合图》

山墙壁画内容既有本生与灵应显圣连环画，又有护法元帅与天君。此类题材仅存一例，即北水泉镇罗家堡真武庙。画面分为上、下两部分，上部为真武本生与灵应经变连环画，下部为护法元帅与护法天君列队图，将正壁与两侧山墙连为一体，完整表现了真武帝《坐堂议事图》（图 26.40）。

正壁西侧壁画已脱落，从残存的部分来看，真武帝东侧为七星旗君，手举七星旗，其外侧为周公。由此可以推测，西侧内为剑童，外为桃花女。外侧东下角为护法天君邓忠，西下角应为护法天君辛环。

图 26.40　北水泉镇罗家堡真武庙正壁

西山墙已毁，东山墙壁画保存一般，整个画面分为上、下两部分，上部为连环画，下部为护法元帅与护法天君。

东壁上部真武故事连环画为 2 排 6 列,每幅皆有榜题,但榜题位置不定,部分榜题尚可释读。东壁下部为护法元帅与护法天君,由于在正壁两角已绘有 2 位,东山墙上共绘有 5 位。内侧 3 位为天君,最外侧 2 位为温元帅温琼与马天君马元帅。西壁虽已毁,但应与东壁相对称。由此,将正壁与两侧山墙连为一体,完整地表现了真武帝《坐堂议事图》(图 26.41)。

东山墙

(榜题毁)	□□□□	□□□□	君母度真	童真内练	元君授道
净乐仙国	梦吞日月	左肋降生	九龙吐水	太子习文	(榜题毁)

图 26.41　北水泉镇罗家堡真武庙东壁

与此类壁画题材较为相似的是南留庄镇小饮马泉真武庙。东西两侧山墙壁画中,分列有 4 位护法元帅与其他 6 位护法天君。而在两侧山尖绘画中表现真武的本生与显圣,东壁两幅分别为铁杵磨成针与斩杀疯魔女,西壁两幅分别为修行与显圣。将山尖绘画作为壁画中的一部分表现主题内容,在蔚县各类寺庙中并不多见,但在田野调查中还是发现了部分类似的题材。

（五）《真武灵应与真武本生经变图（以宫殿为中心）》

此类题材仅存宋家庄镇王良庄村真武庙1例。正壁与山墙壁画皆以中间的宫殿为核心，宫殿内绘有着黑袍的真武大帝与周公、桃花女、将官、护法元帅、侍女、随从等，四周环绕真武修行与灵应的故事，虽各有榜题区，但并无题字，只能凭画面猜测其中的含义（图26.42）。

图26.42　宋家庄镇王良庄真武庙东壁

东壁以中部宫殿为核心，宫殿内绘有2个场景，宫殿外分布着5个场景，共由7幅画组成。中部宫殿分为两殿，内各绘有着黑袍的真武大帝。北殿真武为坐姿，手持宝剑，两侧立有周公与桃花女，外侧为七星旗君与剑童；东殿真武大帝为立姿，伸出右手，斥责殿外台阶前下跪的人，身后立着一位侍童。殿内还有6位将官、4位护法元帅与其他2位将官。宫殿外分布的五个场景分别为：东壁北侧"玄帝显圣"、北侧底部"猿猴献桃"、南侧上部"镇河兴福"、南侧"二虎把洞"，还有一幅在南侧底部尚未释读。

西壁山墙南部坍塌，残画中只剩北殿与北侧两幅。正中北殿表现的应是"威镇北极宫"，殿中真武大帝坐于椅上，右手持剑，两侧立有桃花女与周公，再外侧为七星旗君与剑童。院内还有6位持剑的女将官。北侧上角有"收服龟蛇"，北侧下角为"水涌洪钟"（图26.43）。

正壁西次间上部残有2幅壁画。宫殿内表现主题应是"真人降生"，左上角是"斩杀魔女"。

图 26.43　宋家庄镇王良庄真武庙西壁局部

第四节　真武庙壁画的史料价值

蔚县遗留数量众多的真武庙壁画,是研究北方民间真武故事的来源、信仰的流传、壁画的民间化的"活化石"。

一、真武庙壁画受佛祖生平故事影响明显

蔚县真武庙壁画在民间流传的过程中,受到佛传中本生与应化各情景的强烈影响。壁画中表现真武本生的情景借鉴佛传的情节逐渐增多,而且壁画时代越晚,影响越大。以涌泉庄乡北方城真武庙山墙壁画为例。东壁前 12 幅和后 6 幅,共 18 幅壁画是以《释迦如来应化事迹》为蓝本的,占东壁壁画数量的四分之三。西壁也有部分壁画借用《释迦如来

应化事迹》，其中有 3 幅较为明显。以下表中标深颜色的为借用佛传的情节。

东壁

乌鸦礶玉顶	沐浴净身体	梅鹿献芝草	二虎把古洞	猿猴指仙路	夜晚观星月
太子离朝纲	文武来饯行	樵夫来引路	太子遇猎人	天官赐神剑	指剑成玉河
北门逢僧人	西门逢死者	南门遇病人	东门遇老翁	太子演武厅	太子入学堂
白象来投胎	夜梦腾日月	降生玉真人	五龙吐神水	姨母养育子	皇帝来礶顶

西壁

周桃来归降	收邓忠辛环	温良马善服	武当接玉旨	修盖真武殿	威严北极宫
大战龟蛇将	收下七星旗	天神赐玉印	捧圣上天堂	斩杀讽魔女	□□□□□
威武气来侵	井满能自溢	舍身养鹰雄	铁杆磨绣针	心肝净沐浴	太白赐金甲
财帛若浮云	色不缠身体	酒不迷真性	三更伴虎眠	神龟献天书	猿猴献仙桃

北方城真武庙山墙壁画中，有些榜题与佛祖生平故事的名字极为相似，属直接借用。如白象来投胎、姨母养育子、北门逢僧人、西门逢死者、南门遇病人、东门遇老翁、太子演武厅、舍身养鹰雄等。只要将宋代以来道经所载有关真武大帝生平故事与佛祖生平故事稍作对比，就不难发现人格化真武大帝的塑造明显是以佛祖生平故事为蓝本改造加工而成的，起初就连真武大帝的出生地净乐国，也是仿照佛祖故事的净梵国，认为是在"西域月支国之西，星分奎娄之下"的海外之国，直至元代《武当福地总真集》等书中，才力图将玄帝的出生地本土化，认为净乐国就是武当山所在的均州。从北方城真武庙北极宫壁画的情况来看，佛祖生平故事的影响更为明显。这进一步说明了佛道之间广泛深入的交流。

但在表现的借鉴形式上，场景有所不同，最典型的就是在太子出生后沐浴灌顶这个场景。在佛传中表现的都是九龙吐水，但在蔚县真武庙壁画中表现的是五龙吐水（图 26.44），这其中只有柏树乡王家庄南堡真武庙壁画例外，采用九龙来表现"金盆沐浴"（图 26.45）。

按古印度风俗，妇女必须回娘家分娩。悉达多太子出生的时候，母亲摩耶夫人在回娘家的途中，路过蓝毗尼花园时，心血来潮，进园游览。到了繁花盛开的娑罗树下时，感到下腹疼痛，她急忙扶住树枝，之后太子从摩耶夫人右肋出胎，此称"树下诞生"。太子出生后，就能行走，周行七步，步步生莲，此称"步步生莲"。他一手指天，一手指地，意寓"天上天下，唯我独尊"。此时正逢天雨香花，天上九龙飞来，吐水为太子沐浴，此称"九龙灌顶"，这天正好农历四月初八，也称"浴佛节"或"佛诞节"。"九龙灌顶"题材的绘画，在敦煌莫高窟

图 26.44　下宫村乡苏邵堡真武庙东壁·五龙吐水

图 26.45　柏树乡王家庄南堡真武庙东壁·金盆沐浴

藏经洞所出唐代(9 世纪)绢本设色的幡画中便已出现(图 26.46)[1]。

九龙代表着至尊,古代只有至高无上的皇帝才能使用"九"这个数字。由此不仅说明蔚县真武庙真武本生的故事中受到佛教的深刻影响,而且佛祖释迦牟尼的地位还是高于真武,这也是民间还不敢采用九龙的原因。

二、真武壁画吸收了较多民间故事传说与习俗

(一)融入了民间传说故事内容

真武庙壁画在流传过程中,逐渐融入了民间传说。以涌泉庄乡北方城真武庙壁画为例,其中的"神龟献天书""铁杆磨绣针""井满能自溢"等情景,都是耳熟能详的民间传说。

(二)融入了蔚县本地传说故事与习俗

蔚县境内的柳树多是"馒头"柳,村村皆植,造型奇异,多年的柳树更如成精怪物,因此

---

[1]　马炜、蒙中:《西域绘画(6)》,重庆出版社,2010 年,第 12 页。

图 26.46　敦煌藏经洞·佛传图片段·九龙灌顶

民间认为柳精为害一方,奸夫淫妇为人所不齿,因此,五道庙壁画中便绘有五道神捉拿柳树精与奸夫淫妇的场景,如柏树乡王家庄南堡真武庙壁画中绘有"柳精恶魔""收伏柳精"等内容。这说明真武庙壁画故事开始与蔚县本地习俗相融合。

(三) 榜题内容更加世俗化

从水东堡村真武庙壁画所绘内容看,虽受武当传统影响较大,但榜题写法上差异明显,著名的"悟杵成针""折梅寄椰""水涌洪钟"等,也改名写为"铁杆成针""档树折梅""水涌江钟"等,名字的改动实际上是真武灵应故事进一步民间化的结果。

三、对研究真武庙壁画从正统向民间的流传转换起到重要作用

蔚县遗留的大量真武庙壁画,与流行于南方的《真武灵应图册》在内容与风格上既有受其影响的烙印,又有明显的地域特色,对研究真武壁画从武当正统向北方民间的流传起到重要作用。

以《真武灵应图册》[1](代表武当正统,图 26.47)、佳县白云观[2]真武庙壁画(代表北方官方,图 26.48)与北方城真武庙壁画(代表蔚县民间,图 26.49)三地为例,举其中一典型情节:夜梦腾日月,进行比对,简要说明三地真武壁画流传中从正统、官方到民间的流传转变过程。

---

[1] 《真武灵应图册》(以下简称灵应本)是描述真武大帝出生、修道、成仙和灵应故事的一批纸本彩绘工笔画。原件由 82 幅单页工笔彩绘图画和 83 条题记纸页组成,前者为传说中的真武大帝修道成仙、因果报应事迹画面,后者为同一故事或长或短的题记。《真武灵应图册》的时代应是在明之前,有专家认为,灵应本应是在永乐十六年至正统九年即 1418 年至 1444 年间创作完成的,最大的可能是武当宫观建成不久为称颂描述这一盛事而绘,当在永乐皇帝后期比较合适。从《真武灵应图册》绘画内容看,明显带有武当山景物的特征。其中的崇山峻岭上傲立的松杉,群峰间缭绕的云雾,岩石间潺潺的流水,都是武当山实景的宗教艺术描绘。在建筑形制方面,图中所绘也与武当山现存建筑有许多相似之处,《真武灵应图册》中所绘的建筑主要分金碧辉煌的殿宇建筑和白墙黛瓦的民居建筑两大类,武当山的建筑也主要分为上述两大类;而且在屋脊两侧龙形吻兽的造型上、屋顶瓦面的形制上,一些重要宫殿,如金殿、紫霄宫等的描绘上都与武当山现存的古建筑十分近似;尤其是灵应本在栏杆柱顶上广泛使用莲花柱头装饰,与作为武当山现存明清古建筑显著标志的明清神道上栏杆柱头的莲花装饰一脉相承。有专家认为《真武灵应图册》是武当山道士在明代继《大明玄天上帝瑞应图录》之后的又一次整合历代玄帝瑞应事迹的行动,《真武灵应图册》当出自武当山道士之手。以后才在明清以来武当山的历次战乱中流出山外,转入一些大收藏家的手中,这也是《真武灵应图册》能够幸存下来的原因所在。

[2] 佳县白云观作为道家圣地,在创建规划之日起,就形成了围绕真武信仰的建筑格局,在南北中轴线上,先后修建真武大殿及配殿、钟鼓楼、三官殿。自从明万历皇帝亲赐御制 4726 卷《道藏》后,白云观声名大振,几百年来香火长盛不衰。其真武大殿前殿为清代增建,东西两壁绘《真武修行图》,两壁各 30 幅。东壁围绕真武降生、修道展开;西壁描绘真武授受、伏魔、册封等情节。根据东壁画面左下角的一则题记:"雨林丹青叶孙长画,光绪三十年端阳前立"可知,壁画完成于清光绪三十年(1904)。

图 26.47 《真武灵应图册》中·净乐仙国金阙化身[1]

图 26.48 佳县白云观真武庙壁画·梦吞日光[2]

〔1〕 肖海明：《真武图像研究》，文物出版社，2007 年，第 190～352 页。
〔2〕 本书编委会：《中国佳县白云山白云观壁画》，文物出版社，2007 年，第 130～189 页。

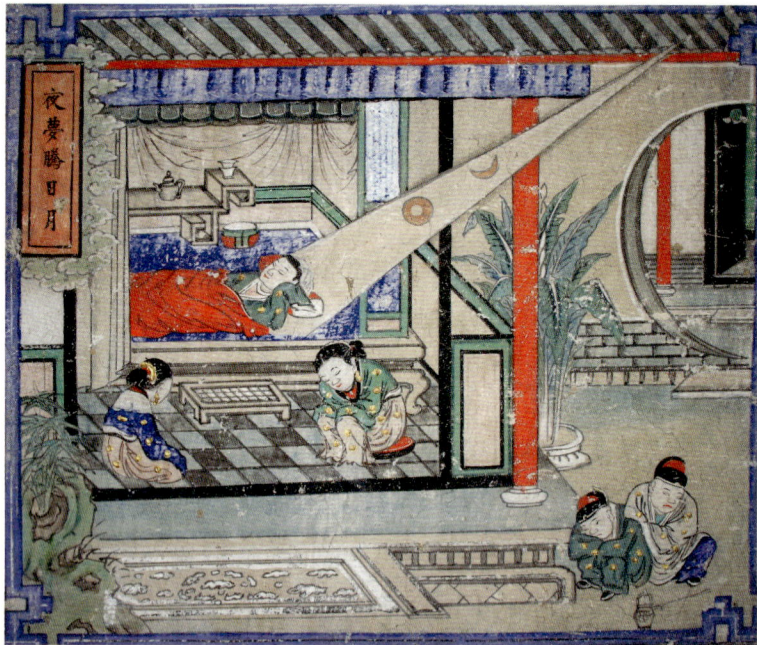

图 26.49　涌泉庄乡北方城真武庙壁画·夜梦腾日月

　　从这 3 幅同类情景的壁画中可看出,《真武灵应图册》无论从语言还是绘画方面,都具有鲜明的官方特征。佳县白云观真武庙壁画中的梦吞日光,从绘画中的宫殿形制与摆设用品来看,非常正规,代表了官方的特征。而涌泉庄乡北方城真武庙壁画中的夜梦腾日月,绘画手法与宫殿的民间化已十分明显。

第二十七章　龙神庙壁画调查与研究

在传统农耕社会中,蔚县境内虽然有壶流河、定安河与清水河 3 条大河,但每年仅有 400 毫米的降水量,且经常发生干旱等恶劣气候,让乡民深感祈雨的重要性。号称 800 庄堡的蔚县,几乎每一座村庄、城堡都要供奉龙神,毫不夸张地说,龙神庙的数量不会比庄堡的数字低。

第一节　龙神庙基本情况

经过田野调查、查阅相关资料或老乡口头流传等了解,经不完全统计,蔚县遗留的龙神庙共有 159 座,其中,遗留有壁画的 66 座,旧构或旧址重建后重绘壁画的有 16 座,旧构遗留或遗址尚存的有 77 座。如此庞大数量的龙神庙,在国内县(区)级地区是数一数二的,其壁画的数量有可能超过了国内其他地区所有龙神庙壁画数量之和,且所展示出的壁画种类也是最为丰富的地区。

蔚县村庄内的龙神庙多位于较重要的位置,多将龙神庙建于堡外东南侧或南侧的一片台地上,只有少数龙神庙建于堡内。即便是偏僻的山区,受地形的限制,但也将龙神庙建于村庄周边较高的台地上。总体来说,龙神庙的选址位置一定是这一带最佳的风水宝地。

龙神庙的规制总体高于其他种类的庙宇,但在建制与规模上也不尽相同。有建独立庙院的,也有未建庙院的,也有与其他神祇共享一殿的。龙神庙正殿的开间,有面阔三间的、单间的,也有坐二破三式的,主要视地形或需要而设。少数规模较大的龙神庙,建有配殿或耳房,供奉三官、马神或财神等其他神祇。

通过整理调查发现的石碑、匾与题字可知,蔚县留有纪年的龙神庙数量较少,如表 27.1,且部分纪年也不足以判定壁画绘制的时间。

表 27.1　蔚县龙神庙重修碑记与壁画题记一览表

位　　置	载体形式	年　　代
涌泉庄乡寇家庄龙神庙	《重修龙神庙观音殿碑记》	民国五年
涌泉庄乡黄家庄龙神庙	西墙壁画判官手持轴卷题字	光绪二十四年五月
涌泉庄乡西任家堡龙神庙	木匾	乾隆四十三年
涌泉庄乡汤庄子龙神庙	东壁南侧边缘题字	光绪七年
宋家庄镇吕家庄北堡龙神庙	东侧窗台槛墙石碑	道光五年
杨庄窠乡小岳家山龙神庙	木匾	光绪十九年五月
下宫村乡苏官堡龙神庙	《重修龙神庙碑记》	民国八年
下宫村乡周家庄南堡龙神庙	石碑/脊檩题字	万历十九年创修 雍正元年 雍正八年重修 乾隆三十八年重修
柏树乡庄窠龙神庙	脊檩题字	嘉靖二十八年初建 天启五年重修 康熙十八年重修
草沟堡乡樊庄子龙神庙	画中题字	宣统庚戌桂月修
草沟堡乡板厂下庄龙神庙	西壁判官手持雨簿题字	民国十二年
草沟堡乡行岭龙神庙	《重修龙神庙碑记》	乾隆四年
草沟堡乡苇子坑龙神庙	《碑记》	道光十年
南杨庄乡东北江庄子河神庙	《重修河神庙碑记》	光绪二十一年

第二节　龙神庙壁画中神祇的研究

根据蔚县的民间传说，龙神行雨过程主要包括以下步骤：

第一步，由玉皇大帝降旨，许可龙王降雨。虽然在蔚县的龙神庙壁画中没有出现玉皇大帝，但在西壁的右上角伸出一只大手，这只大手便是玉帝的手，代表了玉帝在整个行雨神灵体系中的统领地位。玉帝的圣旨由传旨官传达给龙母、龙王。

第二步，由龙母给负责降雨的主神（五龙王与雨师）下达具体的降雨任务，并且送各位龙王出水晶宫或伴随众神，去实施降雨。

第三步，龙王、雨师在风、雷、电等诸神的配合下完成降雨过程，同时由四目神、四值功曹、判官进行监督记录。

第四步,在降雨完毕后,虹童放出彩虹,传旨官负责将降雨的过程向玉帝汇报,众小将负责将一条巨龙束缚于大树之上,这是防止龙神不听旨降雨的措施,同时众神众将返回水晶宫。

而龙母如伴随众神出宫,则一起返宫;如在水晶宫内目送众神出征,则仍在水晶宫中恭候众神回宫。

龙神庙壁画所表达的内容便是行雨的过程,是将龙神行雨过程图像化,是村民祭拜龙神、求雨酬神的精神寄托。为了表现行雨过程,展示各神祇在行雨时的形象与呼风唤雨的本领,龙神庙殿堂内的壁画分别绘于后墙正壁与两侧山墙内壁上。这其中,正壁壁画表现的是行雨之前龙母召集五龙王、雨师、行雨之神等众神坐堂议事的场景,两侧山墙分别表现了行雨与回宫的场景,东壁表现的是《出宫行雨图》,西壁表现的是《雨毕回宫图》。

龙神庙壁画的内容,既表现了行雨诸神,也记录了人间乡民的生活,形成了一个场面壮观、复杂的行雨体系。龙神行雨体系不仅有龙神、龙母,而是由一个庞大的神灵所组成的团队,即由行雨主神、行雨辅助诸神、监督诸神、农业诸神等组成的庞大的行雨队伍。这个行雨体系包含:龙母、龙王、雨师、雷公、电母、风伯(婆)、虹童、云神等行雨诸神;传旨官、判官、四值功曹、四目神、雨官(手持雨簿之神)、直符等监督诸神;山神、土地神、青苗神、钉耙神等农业神;还有商羊鸟、旱魃、二郎神、众小将以及海中的虾兵蟹将,以及人间的各类人物。

蔚县境内遗留的龙神庙壁画所表达的场景基本相同,即正壁皆绘有众神行雨前的《坐堂议事图》,东壁绘有《出宫行雨图》,西壁绘有《雨毕回宫图》。同一座龙神庙内壁画中,正壁的主神与东、西两壁的主神基本一致,两侧山墙《出宫行雨图》与《雨毕回宫图》中的众神灵与人物的数量基本一致。蔚县遗留的龙神庙数量多,遗留的壁画多,而不同的龙神庙壁画中所包含的神祇与人物完全一致的极少,多数是略有不同,个别的还差别较大。

为了更好地弄清龙神庙壁画中复杂的行雨神灵体系,了解各神祇在行雨时呼风唤雨的本领,下面先对蔚县龙神庙壁画中所涉及的行雨诸神、监督诸神、农业神等主要神灵在壁画中的形象与作用进行介绍。

一、行雨诸神形象与作用

行雨诸神指在行雨过程中起主导作用的神灵,古人依据雨天常常出现的乌云翻滚、狂风大作、电闪雷鸣,以及雨后彩虹高挂的自然景观,在行雨诸神中集中了龙母、龙王、雨师、雷公、电母、风伯(婆)、虹童等诸神,这其中龙母、龙王、雨师是行雨主神,雷公、电母、风伯(婆)、虹童是行雨辅助神灵。

（一）龙母

蔚县村民将龙母称为龙姑。蔚县民间流传：因为老龙王没有严格执行降雨的旨令，导致洪水泛滥，玉皇大帝怒而将其处死，这才请出了龙姑代其行雨之职责。所以在行雨诸神中，只有龙母，而无老龙王，且地位远高于五龙王。

苑利在《华北地区龙王庙配祀神祇考略》[1]一文中认为："在华北民间庙宇中，五龙王的父亲——老龙王是很少出现的。民间解释说，五龙本无父，他们是母亲——龙母在河边洗衣时，因误食了一个顺流而下的桃子或别的什么果物而无意中受孕的。这类文本在已出版的民间故事集中颇为常见，是一个典型的贞节受孕型故事。另一种解释说，五龙有父，但因为行雨时误将玉皇大帝的'清风细雨'听成了'狂风暴雨'，结果被唐朝宰相魏徵杀死。由于老龙王过早故去，在华北地区的龙王庙中一般不设老龙王的牌位。有关老龙王因渎职被杀的故事，最早见于《西游记》，但我想在文人创作之前，很可能就已经有了类似的民间传承。"老龙王犯错这一传说，与蔚县当地村民传说相似。

山西省浑源县永安镇神溪村有一座律吕神祠，其神殿内塑有水母娘娘像。当地人传说，这位水母娘娘是蔚县暖泉镇龙神庙中龙母的亲戚。以前神溪村祭祀求雨时，暖泉镇都会派人参加。关于水母娘娘的来历，据说她是神溪村一位年轻媳妇的化身。年轻媳妇受婆婆欺负，每天都要从河边挑两桶水，而婆婆只用一桶，却倒掉另外一桶。一位白发老爷爷见她受到如此欺凌，便交给她一支马鞭，并告诉她只要将马鞭放入水桶，再提起来水桶就会装满。可惜的是，婆婆发现了这个秘密，便恶狠狠地将鞭子提出，谁知桶里的水喷涌而出，洪水很快淹没了全村。年轻媳妇为救全村人性命，跳入水瓮，从此坐化成神。洪水也变成了长流不断的涓涓细流，后人称其为神溪，这也就有了神溪村。人们为了感怀年轻媳妇的救命之恩，将其奉为律吕神，并立庙祭祀。这个典故从侧面说明了女性在降雨神灵谱系中具有很高的地位。

龙王、女子、龙母，在这一神与人、男性与女性的角色转换中，最终在村民的心目中龙母的地位超过了龙王，因为龙母毕竟是活人的化身，而且是有亲和力的慈母形象，与观音、娘娘并列，成为蔚县民间信仰的三位女性神祇之一。

蔚县龙神庙诸神祇中，龙母统领诸神行雨，无论在后墙正壁，还是在东、西山墙两壁，均以龙母为核心进行构图。正壁《坐堂议事图》中龙母端坐于中央，两侧分坐五龙王与雨师；东西两壁中龙母或立于水晶宫中，或乘銮驾出宫，居于画面的正中位置。

蔚县龙神庙壁画中，正壁有23幅龙母画像遗留（图27.1），龙母均端坐于宝座之上，面

──────────────

〔1〕 苑利：《华北地区龙王庙配祀神祇考略》，《西北民族研究》2002年第2期。

容慈祥,头戴凤冠,双目直视前方,双手于胸前持玉圭,呈现的是一位慈祥的中年妇女形象。龙母身穿凤袍,披蓝色或绿色披肩,凤袍以红色基调为主,其上多有沥粉贴金凤凰。龙母身后各立一位持扇的侍女,两侧为五龙王、雨师与行雨的辅助神灵。

图 27.1　北水泉镇向阳站龙神庙正壁·龙母

　　两侧山墙东壁与西壁中一共遗留了 20 幅龙母画像(图 27.2~4),龙母头饰、着装与正壁一致。依据壁画构图的不同,龙母位置有所变化。一是站立于水晶宫檐下,双手于胸前持玉圭,目视前方助力于众神行雨或恭迎众神凯旋;二是龙母坐于凤銮之内,位于行雨众神的中心,随行雨众神出征,或雨毕随众神凯旋。

图 27.2　南留庄镇松树村龙神庙东壁·龙母　图 27.3　代王城镇马家寨龙神庙西壁·龙母

图 27.4　杨庄窠乡小岳家山龙神庙东壁·龙母

（二）五龙王

在蔚县龙神庙行雨壁画中，五龙王是必不可少的主神。通常人们在提到龙王时，所想到的多是单独的个体，但事实上龙王常被人们说成是兄弟五人，世称"五龙王"。在龙神庙内供奉的五龙王分别是黄龙、青龙、黑龙、白龙、赤龙，"青龙居东方，白龙居西方，赤龙居南方，黑龙居北方，黄龙居中央。这五龙、五色、五方的说法，显然渊源于更为古老的五行思想"。[1]

据《宋会要辑稿》记载："京城东春明坊五龙祠，太祖建隆三年自玄武门徙于此。国朝缘唐祭五龙之制，春秋常行其祀用中祀礼……。先是熙宁十年八月信州有五龙庙，祷雨有应，赐额曰'会应'，自是五龙庙皆以此名额云。徽宗大观二年十月，诏天下五龙庙皆封王爵。青龙神封广仁王，赤龙神封嘉泽王，黄龙神封孚应王，白龙神封义济王，黑龙神封灵泽王。"[2]

至此，在宋徽宗的提携下，五龙登上了王爵宝座，其地位也一举超过了在此之前已经被封以公、伯、师的雷公、风伯、雨师，就这样，在皇权势力的影响下，龙王终于统一了中国民间信仰中的雨神系统，并一举成为中国雨神的正宗。[3]

在正壁《坐堂议事图》中，五龙王分坐于龙母的两侧，东侧 3 位，西侧 2 位。龙王皆头戴龙冠，分别着黄、青、黑、白、红五色龙袍，肩披不同颜色的披肩，龙袍上多有沥粉贴金草龙。龙王手持笏板，或恭敬侧向中心的龙母，或交头接耳，窃窃私语。从目前遗留较为完整的正壁来看，龙王座次不是十分严格。

在东壁《出宫行雨图》中，五龙王分别披黄、青、黑、白、红五色龙袍，位居云层之上，一般分为两排，不同的粉本其五龙王胯下坐骑与手持物品有所不同，或骑龙，或骑麒麟，或骑瑞兽，手中或持钵，或持瓶，各位龙王在努力行雨，只有下排的最后的黑龙王回首，此场景有两种类型。一是回首盯着正在追赶被大风刮走圣旨的判官，或手持圣旨的判官；二是龙王回首与其他神祇交流。经统计，蔚县龙神庙中东壁遗留较为完整的黑龙王盯着判官的场景有 7 处，遗留龙王回首与其他小神交流的有 2 处；还有一处是南留庄镇松树村龙神庙东壁中的龙王回首在接旱魃双手递出的禾苗，而判官在其侧上方双手向上似在索取另一位神祇手中的圣旨（图 27.5、6）。

在《雨毕回宫图》中，五龙王显得非常悠闲，有得胜而归的得意之态，坐骑已改换为马或其他瑞兽，队列也显得不是那么整齐了。下排最后的龙王回首与判官进行交流，此时的判官双手向前举起圣旨，圣旨中是对此次降雨的要求，黑龙王关切询问本次降雨是否满足

---

〔1〕 苑利：《华北地区龙王庙主神龙王考》，《西北民族学院学报》2002 年第 4 期。

〔2〕 刘琳等校点：《宋会要辑稿》，上海古籍出版社，2014 年，第 562 页。

〔3〕 苑利：《华北地区龙王庙主神龙王考》，《西北民族学院学报》2002 年第 4 期。

图 27.5　杨庄窠乡小岳家山龙神庙东壁·龙王与判官

图 27.6　南留庄镇松树村龙神庙东壁画·龙王回首

了玉帝的要求(图27.7)。在蔚县龙神庙中遗留较为完整的黑龙王回首询问判官降雨情况的场景,目前发现了18处。

图 27.7　陈家洼乡陈家洼龙神庙西壁·龙王与判官

（三）雨师

民间传说认为雨师是赤松子,又名赤诵子,号左圣南极南岳真人左仙太虚真人,为远古时期炎帝时的雨师。他能入火自焚,还能随着风雨跃动。炎帝的小女儿曾追随他学习道法,也成了神仙中人,与他一起隐遁出世。到了高辛氏统治时,赤松子又出世作为雨师行雨。

在蔚县壁画的诸神行雨集团中,雨师有较高的地位,不仅在正面的壁画中与龙母、五龙王并坐,而且在《出宫行雨图》与《雨毕回宫图》中,皆是骑瑞兽与五龙王并行。雨师常是一副道人模样的装扮,身穿绿色或蓝色道袍,头上结帻。道袍上绘有沥粉贴金八卦符,但其中也有例外,如北水泉镇向阳站龙神庙正壁中雨师道袍绘的是沥粉贴金的草龙,两侧山墙雨师道袍为不规则的沥粉贴金点缀。

正壁《坐堂议事图》中的雨师,坐在龙母西面最外侧,或双手持笏板,或手持水瓶。雨师与龙王一样皆侧向中心的龙母,但也有个例,如南岭庄乡苟家浅龙神庙正壁西次间雨师回首与身后的随从进行交流(图27.8)。

图27.8　南岭庄乡苟家浅龙神庙正壁西次间·雨师

东壁《出宫行雨图》中,雨师骑瑞兽位于龙王之间,左手持茶碗,碗中有时绘翻卷的浪花,有时绘一条翻江倒海的小龙;右手执柳,沾水后,作向下掸水行雨状,与古代的巫师做法同出一辙(图27.9)。蔚县龙神庙东壁遗留的雨师画像有25处,其中只有15处的形象在表现掸水行雨,有的动作夸张,动感十足,有的温文尔雅,蜻蜓点水。另有10处雨师行雨是用葫芦类水瓶向下倒水,或双手各持一瓶,或双手共持一瓶。

西壁《雨毕回宫图》中,雨师骑马或瑞兽行进在龙王之间,此时的雨师略显疲惫,神情放松地信马由缰而行。蔚县龙神庙西壁遗留的雨师有15处(图27.10)。

图 27.9　南岭庄乡苟家浅龙神庙东壁·雨师

图 27.10　南岭庄乡苟家浅龙神庙西壁·雨师

（四）雷公电母

在古代，人们对雷电认识有一个过程。一开始，人们对雷电这一自然现象认识不清，认为它们是一体的。到三国时期，人们才开始将雷、电分开，并把它们作为同时出现的两种自然现象加以崇拜。电神在西晋以前多以男神形象出现，之后则被想象成童男童女两位人格神。之后，在民间信仰中雷电之神逐渐演变成了人们常说的雷公、电母。因为两者形影相随，乃至人们将雷、电想象成夫妻。[1]在蔚县龙神庙壁画中，雷公、电母也是成双成对出现，雷公击连鼓，电母持铜镜，形象生动，动感十足（图27.11）。

图27.11　北水泉镇向阳站龙神庙东壁·雷公电母

虽然雷公作为神话形象出现很早，但直至东汉时才有记载成为庙宇壁画中的一员。王充在《论衡·雷虚篇》中对当时庙宇壁画中的雷公形象记载如下："图画之工，图雷之状，累累如连鼓之形。又图一人，若力士之容，谓之雷公，使之左手引连鼓，右手推椎，若击之状。其意以为，雷声隆隆者，连鼓相扣击之意也；其魄然若敝裂者，椎所击之声也；其杀人

---

〔1〕　苑利：《华北地区龙王庙配祀神祇考略》，《西北民族研究》2002年第2期。

也,引连鼓相椎,并击之矣。"[1]雷公的形象直到明清时期才逐渐统一,并形成了猴脸和尖嘴的形象,俗称"雷公脸""雷公嘴"(图27.12)。据《集说诠真》记载:"按今俗所塑之雷神,状若力士,裸胸袒腹,背插两翅,额具三目,脸赤如猴,下额长而锐,足如鹰鹞,而爪更厉,左手执楔,右手持槌,作欲击状。自顶至傍,环悬连鼓五个,左足盘蹑一鼓,称曰雷公江天君。"[2]蔚县龙神庙内的雷公形象与《集说诠真》中所描述的基本相似,只是东、西两壁表现的动作完全不同。

图 27.12　涌泉庄乡卜北堡村龙神庙东壁·雷公电母

蔚县龙神庙的东壁一共遗留了 30 位可以清晰辨识的雷公形象,西壁一共遗留了21 位可以清晰辨识的雷公形象,虽然多数雷公形象仍为猴脸和尖嘴,但可以看到雷公的形象在民间绘画中演变出了类似八戒的猪脸或长脸形象。尤其是雷公成双出现时,至少有一个为猪脸形象。

在蔚县龙神庙中有 4 座龙神庙东壁绘有 2 位雷公,1 位雷公左手引连鼓,右手推椎,若击打之状;一位是双手分别推锥与椎,似击鼓状,但并无连鼓。两位雷公至少有一位为形似八戒,为长有猪嘴的形象(图27.13)。

---

〔1〕　王充:《论衡校释》,中华书局,1990 年,第 303 页。
〔2〕　黄伯禄:《集说诠真》第 4 册,光绪己卯年刻本,第 358 页。

图 27.13 杨庄窠乡小岳家山龙神庙东壁·雷公

同样也有 4 座龙神庙西壁绘有 2 位雷公,1 位是典型的雷公形象,但双手分别持锥与椎,无连鼓;另 1 位雷公,形似八戒,长有猪嘴,肩背连鼓(图 27.14)。较为特别的是,下宫村乡周南堡龙神庙西壁中的雷公,其形象为乱发长须,怒目圆睁。

图 27.14 杨庄窠乡小岳家山龙神庙西壁·两位雷公

从雷公的动作来看,东西两壁的雷公动作完全不同。东壁《出宫行雨图》中,雷公冲在行雨大军的前列,左手引连鼓,右手推椎,若击打之状,与电母联手,搅动着大地雷鸣电闪。

在西壁《雨毕回宫图》中,雷公收起连鼓,背于肩上,跟随在龙王的后面。

雷公左手所引连鼓的数量,早在汉代画像上各地就不完全一致,但以五鼓较为普遍,如河南唐河县针织厂汉画像及徐州汉画像石上的雷公均背有五鼓。《集说诠真》所述也是"五鼓"之说。至今人们常说的"五雷轰顶""天打五雷轰",实际上都是这种观念的残留。经过对蔚县 25 座龙神庙东壁雷公所击连鼓数量进行统计(表 27.2),连鼓数量从四鼓到十一鼓皆有,但主要以五鼓、六鼓与八鼓为主,分别占 24%、24% 与 20%,应该说这三个连鼓数是蔚县雷公所击连鼓数量的主导。说明在绘画时,考虑更多的是雷公形象展示的需要,不会严格按规制去执行,这也是民间壁画的最大特点,即以需定制,存在即是合理(图 27.15、16)。

图 27.15　涌泉庄乡卜北堡龙神庙东壁·雷公

图 27.16　杨庄窠乡李家庄龙神庙西壁·雷公

表 27.2　蔚县龙神庙雷公所击连鼓数量

序　号	村　　　庄	连鼓数量
1	涌泉庄乡董家涧龙神庙	4
2	杨庄窠乡小岳家山龙神庙	4
3	北水泉镇向阳站龙神庙	4
4	蔚州镇李堡子六神庙龙母殿	5
5	宋家庄镇吕家庄北堡龙神庙	5
6	杨庄窠乡席家嘴龙神庙	5
7	杨庄窠乡李家庄龙神庙	5
8	南岭庄乡赵家窑龙神庙	5
9	下宫村乡苏官堡龙神庙	5

序号	村　　庄	连鼓数量
10	涌泉庄乡黄家庄龙神庙	6
11	宋家庄镇辛落塔龙神庙	6
12	杨庄窠乡北王家梁龙神庙	6
13	宋家庄镇吕家庄南堡龙神庙	6
14	杨庄窠乡沙涧龙神庙	6
15	南留庄东人烟寨龙神庙	6
16	陈家洼乡陈家洼龙神庙	7
17	柏树乡庄窠龙神庙	7
18	涌泉庄乡卜北堡龙神庙	8
19	南岭庄乡苟家浅龙神庙	8
20	西合营镇柳子疃龙神庙	8
21	南杨庄乡九辛庄龙神庙	8
22	草沟堡乡苇子坑龙神庙	8
23	涌泉庄乡西任家堡龙神庙	9
24	杨庄窠乡北庄头龙神庙	9
25	草沟堡乡板厂下庄龙神庙	11

雷公形象丑陋，电母亦如是。南宋时电母的形象是"发苫然，赤色甚短，两足但三指，大略皆如人形"。[1]其形象完全是个妖怪。可能是考虑到百姓的接受能力，电母形象逐渐转变，据黄伯禄在《集说诠真》中的描述："今俗又塑电神像，其容如女，貌端雅，两手各执镜，号曰：电母秀天君。"[2]蔚县龙神庙中可以识别的电母形象，多为中青年妇女。

东壁《出宫行雨图》中遗留有34位电母画像，电母与雷公皆冲在行雨队伍最前面，在云端之上，下半身没于云中，露出的上半身左右扭动，双手高举，各执电镜，发出一道道闪电。其中，涌泉庄乡卜北堡村龙神庙、北水泉镇向阳站龙神庙东壁的电母，身穿连衣裙，扭腰屈膝，侧头看着雷公，舞姿最为优美（图27.17）。

西壁《雨毕回宫图》中，遗留有29幅电母坐于水车中的画像。画像中，在行雨时尽全力放出闪电的电母，在雨后回宫途中尽显疲态，与风婆一起坐于水车中，闭目养神，随队回宫。但有1幅壁画较为特殊，涌泉庄乡卜北堡龙神庙壁画因绘双风婆，故两位风婆未坐于水车内，而是在队伍中，坐于水车中的是雷公与电母（图27.18）。

〔1〕 洪迈：《夷坚志》，中华书局，2006年，第601页。
〔2〕 黄伯禄：《集说诠真》第4册，光绪己卯年刻本，第359页。

图 27.17 北水泉镇向阳站龙神庙东壁·电母

图 27.18 下宫村乡苏官堡龙神庙西壁·电母与风婆

电母在壁画中的数量并非唯一,有4座龙神庙壁画中绘了2位电母的形象,即:杨庄窠乡席家嘴龙神庙、南岭庄乡苟家浅龙神庙、下宫村乡苏官堡龙神庙(图27.19)、柏树乡庄窠龙神庙。《出宫行雨图》中2位电母各司其职,一位仍位于队伍最前面,另一位在行雨大军中。《雨毕回宫图》中,两位电母与风婆一起坐在水车中。

图27.19　涌泉庄乡卜北堡龙神庙西壁·水车中雷公与电母

（五）风伯（风婆）

早在东汉画像石中便已出现雷公出行,风伯、雨师相随的景象。行雨过程中,风伯只是龙王的属下,是龙王的助手神,故以"伯"相称。东汉蔡邕《独断》称:"风伯神,箕星也。其象在天,能兴风。"[1]从这段记载看,箕星是二十八星宿中的东方七宿之一,人们将风伯附会到了箕星上。另据《三教源流搜神大全》载:"风伯神,飞廉是也。应劭曰:飞廉,神禽,能致风气,身似鹿,头似雀,有角,尾似蛇,大如豹,风伯之神也。"[2]

在发展演变过程中,大致从明代始,风伯在形象上出现了两个明显的变化:一是性别方面——风神从男性神渐渐演变成了女性神;二是道具方面——原来风神胯下所骑的是豹文兽,从明代开始逐渐演绎成风口袋。

蔚县龙神庙壁画中,多数场合下,风伯风婆也是成双成对出现的。风伯作为男性——老汉形象,满脸沧桑,怒目圆瞪,一脸长须;风婆(风姨)作为女性——老奶奶形象,脸部皱纹密布(图27.20)。

---

〔1〕 孙诒让:《周礼正义》,中华书局,2013年,第1307页。
〔2〕 佚名编撰,王孺童点校:《三教源流搜神大全》,中华书局,2019年,第297页。

东壁《出宫行雨图》中，风伯风婆手持风口袋（时有豹纹口袋），袋口冲出一股急风。在大多数行雨图中，风伯风婆位居整个行雨队伍最前列。但也不是所有的风伯都使用风口袋，目前发现有 2 处风伯采用的是葫芦行风，如涌泉庄乡黄家庄龙神庙、杨庄寨乡沙涧龙神庙。

图 27.20　陈家洼乡陈家洼龙神庙东壁·风伯与风婆

西壁《雨毕回宫图》中，风伯肩背风袋，骑瑞兽随行雨大军而归，此时风伯手中的行风法器与东壁是一致的。风婆与电母如上文所说，在水车中闭目养神。

风伯风婆虽是双双同行，但也有特例。涌泉庄乡卜北堡龙神庙中唤风的 2 位神祇皆为女性，只能都称为风婆。东壁中两位骑豹纹兽，兽口喷出一股强风（图 27.21）。西壁中，两人肩背风袋，含情脉脉，随大军回宫（图 27.22）。

（六）虹童

夏季雨后常出现一道彩虹，不仅是自然现象，也是壮观的天象，乡民们自然会将其移植到龙神庙壁画中，在龙王普降甘霖后，彩虹也是必不可少的点缀。为了让彩虹的出现更加神化，便出现虹童之神。早在山东孝堂山郭氏祠画像石和河南唐河针织厂汉画像石中，便出现了虹童的身影。

演变到蔚县龙神庙壁画中的虹童，大多是面目清秀的 10 多岁男童的形象，只有极个别的虹童是年迈老人与凶神武将的形象，如宋家庄镇吕家庄南堡龙神庙东壁的虹童便是年迈的老人（图 27.23），杨庄寨乡小岳家山龙神庙东壁的虹童是凶神武将的形象。

图 27.21　涌泉庄乡卜北堡龙神庙东壁·风婆

图 27.22　涌泉庄乡卜北堡龙神庙西壁·风婆

图 27.23　宋家庄镇吕家庄南堡龙神庙东壁·虹童

虹童手持出虹彩瓶,或默默地跟随在行雨众神中,彩瓶仅为空瓶;或七彩之虹从宝瓶中喷出,形成一道美丽的弧线,笼罩在画面的上半部,标志着雨过天晴的景象(图 27.24)。但何时出彩虹,是在《出宫行雨图》中,还是在《雨毕回宫图》中,还没有发现特定的规律。东壁共遗留有 22 处虹童形象,只有 3 处彩瓶中未喷出彩虹。西壁也遗留有 22 处虹童形象,只有 1 处彩瓶中未喷出彩虹。

图 27.24　南岭庄乡赵家窑龙神庙西壁·虹童

（七）云神

风、云、雷、电是古人最早崇拜的自然神。关于云神称谓有很多，常见的有：云师、云将、推云童子、布雾郎君等。云师是地位较高的神祇，直到明清时期，云师均享受国家祭祀的礼遇，如"嘉靖十一年，改山川坛为天神地祇坛，改序为云师、雨师、风伯、雷师"[1]。

在蔚县龙神庙壁画中，云神一般立于水晶宫外，从手中的法器中喷出云雾，布满整个行雨画面。虽然有7幅壁画中有云雾从水晶宫缭绕向外，布满整个天空，但能代表真正意义上的云神的只有2幅，即南岭庄乡苟家浅龙神庙东壁（图27.25）与下宫村乡苏官堡龙神庙东壁壁画；还有杨庄窠乡席家嘴龙神庙东壁这一幅，一位云神跪于云瓶之前，云雾从瓶中喷薄而出。其他4幅虽也是从水晶宫中喷出云雾，但具体是谁施展的法力，从壁画中难以释读。

图27.25　南岭庄乡苟家浅龙神庙东壁·云神

二、监督诸神形象与作用

由于人们常常遭受暴雨、连阴雨或降雨不足等不确定的恶劣天气，古人自然也对行雨

---

[1] 北京市文物局图书资料中心、延庆县文化委员会：《北京延庆古代寺观壁画调查与研究》，北京燕山出版社，2012年，第28页。

一事产生焦虑,唯恐龙王不按照玉帝的旨令完成行雨工作,于是便请出了玉帝身边的传旨官、判官、直符负责传达与回复玉帝的行雨旨令,请来四值功曹负责记录降雨时刻,请来四目神负责测量降雨范围和降雨量,由此形成了一套较为完备的行雨监督体系,监督诸神也成为壁画中重要的组成部分。

（一）传旨官

传旨官是玉帝与众雨神之间沟通的使者,负责将玉帝降雨的旨令传给众雨神,还负责将降雨的情况汇报给玉帝。

在《出宫行雨图》中,传旨官低调地位于众神之后,策马扬鞭,左手持玉帝降雨圣旨向前伸出。蔚县龙神庙东壁壁画中遗留有9处传旨官的形象,除了涌泉庄乡西任家堡龙神庙东壁的传旨官略显呆板外,其他8处皆是策马飞奔。

在《雨毕回宫图》中,传旨官位于画面的右上角,胯下一匹飞奔的骏马,双手捧出或单手平持,向右上角玉帝伸出的一只大手交回旨令,唯恐耽误了回旨(图27.26)。在龙神庙西壁遗留的20处传旨官中,其中双手捧出圣旨伸向玉帝大帝的构图有北水泉镇向阳站村龙神庙(图27.27)、杨庄窠乡小岳家山龙神庙、南岭庄乡赵家窑龙神庙、陈家洼乡陈家洼龙神庙等7处。

图27.26　杨庄窠乡沙涧龙神庙东壁·传旨官

图 27.27　北水泉镇向阳站龙神庙西壁·传旨官

（二）判官

判官作为玉帝的代表，手持玉皇大帝的旨令。龙王受玉帝的旨令行降雨之职，没有旨令，不敢轻易降雨，而判官则代表玉帝监督降雨的过程。判官的形象一般是黑脸络腮、怒目圆瞪（图 27.28）。

在《出宫行雨图》中，判官位于行雨大军的最后，口中横衔一支毛笔，这是随时记录降雨情况之笔。或手持旨令与殿后的黑龙王进行沟通交流，传达本次降雨量；或狂风之中，旨令被风刮起，判官举起双手紧追不停。龙神庙东壁遗留有 15 处判官画像。

在《雨毕回宫图》中，判官仍位于行雨大军的最后，双手展开玉帝的亲书旨令，与殿后的黑龙王进行交流沟通。虽然判书中的天书文字，凡人是无法释读的，但我们推测，玉帝旨令中，书写的应是降雨时间、地点与降雨量，判官或许正在核实各位降雨之神是否完成了任务，或许向众神通告本次降雨的情况。

（三）雨官

龙神庙壁画中，有两位手持书卷与毛笔的神祇与判官相伴，这两位神祇多成对出现，形象怪异，长脸猪鼻，鼻长两角（图 27.29）；但也有少数几座龙神庙壁画中，长相为温雅的文书形象。即便是同一壁画中，两位神祇的形象也有相区别的例子。由于没有更多的资料可查阅，我们暂将这两位神祇释读为雨官，手中所持的书卷理解为雨簿，是对整个降雨过程进行记录的书记官，也是玉帝对众神进行奖惩的依据。因此，雨官与雨簿也构成了行雨体系中的人物与环节（图 27.30～32）。

图 27.28　宋家庄镇辛落塔龙王庙东壁·判官

图 27.29　涌泉庄乡卜北堡龙神庙西壁·雨官

在正壁龙母龙王《坐堂议事图》中，雨官分立于两侧下角，手持书卷。蔚县龙神庙正壁壁画中还遗留有 16 对雨官与 3 位落单的雨官。

图 27.30　阳眷镇豹峪龙神庙西壁西下角·雨官　　　图 27.31　阳眷镇豹峪龙神庙东壁东下角·雨官

在山墙壁画中，雨官多是结伴而行，一般是骑马或灵兽，头戴冠冕，手持书卷，跟随在队伍中。在形式与表达内容上，还未发现东壁与西壁有何本质性的区别，或表达的内涵是否有所不同。其中，南岭庄乡苟家浅龙神庙、柏树乡庄窠龙神庙等龙神庙东、西壁中雨官不是结伴而行，而是随队分行。

（四）四值功曹

四值功曹分别是：年值功曹李丙、月值功曹黄承乙、日值功曹周登、时值功曹刘洪。在道教神话中，四值功曹是玉皇大帝的下属，主要职责是记录人和神的功绩。四值功曹虽然官位低，但责任重大，因而受到天庭的重视，并受到了道教的信奉，在多种寺庙的壁画中都

图 27.32　涌泉庄乡黄家庄龙神庙西壁·雨官

会有四值功曹的位置。

　　蔚县龙神庙壁画中，四位功曹的中心工作是时时记录、提醒龙王们行雨的时辰，其职能相当于上天派来的督察员，监督五龙王，检查行雨时间是否应时，行雨范围是否合理，行雨程度是否适中，然后回禀玉皇大帝。

　　由于四值功曹为四位，东西两壁遗留的数量相对较多，多数场景下功曹皆是两两结伴而行（图 27.33、34），少数情况下四位功曹列队而行。按结伴进行统计，两壁都超过了 50 处以上的场景。四值功曹在壁中经常会处于非常显眼的位置，功曹皆着官服，戴官帽，分别抱着的"时值（直）""日值（直）""月值（直）""年值（直）"功曹的牌子。少数牌无字，无法区分功曹的名字。

图 27.33　桃花镇马庄子龙神庙西壁·日值年值

图 27.34　桃花镇马庄子龙神庙西壁·时值月值

（五）四目神

"四目神"的形象由来已久,传说中黄帝、仓颉、虞舜、项羽、李煜、鲁班等有神奇能力的人都长有四目,而龙神庙壁画中的四目神,具体应为哪一位的化身呢? 众说纷纭,但按传说内容分析,最有可能的或为鲁班。

关于行雨的神话传说中有一种说法,每次行雨都是龙母安排的,偶尔龙王缺席时,会请上一位上门干活的木匠,叫他帮助行雨。木匠是行雨的外行,他救旱心切,常把控不住,闹得凡间洪水滔天。这一传说的可信之处在于:一是四目神所使用的工具是木匠常用的直尺和曲尺(图27.35);二是四目神在整幅壁画中的地位不太高;三是四目神的穿着也是民间的士庶常服。

四目神的主要职责是丈量行雨的范围和雨量,从技术层面对龙王降雨工作进行监督。其形象是身着长衫,头戴儒巾,手持木工尺,木工尺有直尺、曲尺(拐尺)两种。最显著的特征是长有四只眼睛,使人看到他时产生眩晕的感觉,不敢久视。在《出宫行雨图》中,四目神双手向上举木工尺;在《雨毕回宫图》中,四目神则是怀抱木工尺。

图27.35　北水泉镇向阳站龙神庙东壁·四目神

龙神庙东壁《出宫行雨图》中,四目神也是位于行雨大军的前列,与雷公、电母并驾齐驱。蔚县龙神庙中尚遗留有27处四目神的画像。这些四目神姿态各异,手中的尺子有双手高高举起头顶的,有双手在胸前端着的,也有单手在身侧举起的(图27.36)。

在《雨毕回宫图》中,四目神懒散地跟随着队伍,手中的尺子随意地扛于肩上,或托于胸前,或抱在怀中(图27.37)。

图 27.36　宋家庄镇南双涧龙神庙东壁·四目神

图 27.37　桃花镇马庄子龙神庙西壁·四目神

（六）直符

　　蔚县现存的部分龙神庙壁画中有手持长符的文官形象,如陈家洼乡陈家洼龙神庙壁画中,持长符的文官骑于马上,着红袍,戴红冠,位于行雨队伍较前的位置。其中,东壁的文官手持长符,西壁的文官将长符倒挂于胸前(图 27.38)。这个形象究竟代表了何神一直是难以解开之谜。山西广灵县1通立于清道光二十五年的《重修社台山龙神祠及各庙碑记》[1]中记载有"直符乘马",但是否就是蔚县手持长符的文官,还难下结论。

直符是中国神话中的神仙,又叫天乙贵人。古代文献中有关于"直符史"的记载,如《汉书·王尊传》称"直符史诣阁下,从太守受其事"。据称直符史所执之符,长一尺六寸,与龙神庙壁画中文官所持之符相似。

图27.38　陈家洼乡陈家洼龙神庙东壁·直符

三、农业神的形象与作用

在生产力不发达、对自然界缺乏科学认识的情况下,人们很早就开始对能够生长出万物,为人们生存提供衣食的土地、山川、河湖等自然产生崇拜,并经历了由抽象的神到具象的人神演变的过程,进而衍生出土地神、山神、青苗神等。

（一）土地神、山神

土地神源于古代的"社神",是管理一小块地面的神。虽然土地神官阶不大,但管辖事务却不少,辖区内凡婚丧喜事、天灾人祸、鸡鸣狗盗之事都要参与。而且土地神一般是一副慈祥老者的形象,与人较为亲近,所以人们喜欢向他吐露心声,向他祈愿。所以,小小的土地庙往往香火很旺,民间甚至有"县官不如现管""土地不松口,毛狗不敢咬鸡"之说。

古人将山岳神化并加以崇拜,但山神崇拜极为复杂,各种鬼怪精灵皆依附于山,最后

---

〔1〕　刘祖福:《三晋石刻大全》,三晋出版社,2013年,第196页。

演变成了每一地区的主要山峰皆有人格化了的山神居住,可谓山林、川谷、丘陵皆可曰神,望于山川便可祭祀。

蔚县龙神庙中并不是每一堂壁画都绘有土地神与山神形象,这与蔚县很少单独祭祀土地神与山神有关。此处的土地神,大多是一位平易近人、慈祥可爱的老者形象,着对襟通肩大衣,头戴云巾或员外帽,双手交叉于胸前。山神则为武将形象,身披战袍,双手交叉于胸前。多数情况下,土地神与山神并肩而立,有时身边站着一名手持"勾魂牌"或"狼牙棒"的夜叉。

在正壁壁画中,如果绘有土地神,则立于画面的两侧下角位置。如今只有3座龙神庙的正壁壁画绘有土地神、山神,保存完整的是北水泉镇向阳站龙神庙正壁,土地神与山神皆未受到严重损坏(图 27.39、40)。

图 27.39　北水泉镇向阳站龙神庙正壁·山神

图 27.40　北水泉镇向阳站龙神庙正壁·土地神

在东壁《出宫行雨图》中,土地神与山神立于水晶宫前恭送行雨众神出宫行雨的场景，仅遗留了 2 处，即宋家庄镇辛落塔龙神庙与桃花镇马官营龙神庙。其中，宋庄镇辛落塔龙神庙水晶宫前的土地神、山神保存完整，且身边还有持"狼牙棒"的夜叉与天犬（图 27.41）。

图 27.41　宋庄镇辛落塔龙神庙东壁·土地神、山神

在西壁《雨毕回宫图》中，土地神与山神立于水晶宫前恭候行雨诸神凯旋的场景，遗留有 14 处，表现比较完整的，即土地神与山神皆全的有 7 处，如蔚州镇李堡子六神庙、涌泉庄乡寇家庄龙神庙、杨庄窠乡小岳家山龙神庙、南留庄镇松树村龙神庙、阳眷镇豹峪龙神庙、桃花镇马庄子龙神庙（图 27.42）、北水泉镇向阳站龙神庙等。另 7 处只有土地神站立于水晶宫前恭候众神回宫，如涌泉庄乡卜北堡龙神庙、宋家庄镇吕家庄北堡龙神庙、宋家庄镇辛落塔龙神庙、庄窠乡席家嘴龙神庙、南留庄东人烟寨龙神庙、陈家洼乡陈家洼龙神庙。

（二）青苗神

农民最大的心愿是五谷丰登，年年有个好收成，求雨的目的也是保佑风调雨顺，但仅靠充足的雨水还不够，庄稼禾苗亦需神灵护佑，于是便有了青苗神。

图 27.42　桃花镇马庄子龙神庙西壁·土地神、山神、夜叉

　　青苗神的起源和形象以往鲜有考证。蔚县龙神庙壁画中,青苗神或是文官,或是武将,或是老者形象,左手持一谷穗,跟随于行雨大军,且常常成对出场,或老夫老妻,或两位庄稼汉(图 27.43、44)。

图 27.43　涌泉庄乡黄家庄龙神庙东壁·青苗神

图 27.44　杨庄窠乡小岳家山龙神庙西壁·青苗神

四、其他神祇

（一）商羊

蔚县龙神庙山墙壁画中,经常出现持鸟的神祇,考其形象出处,很可能与古代的商羊神鸟信仰有关。《三教源流搜神大全》记载:"雨师神,商羊是也。商羊,神鸟,一足,能大能小,吸则溟渤可枯,雨师之神也。"[1]古人祈雨舞蹈时,舞者以羽毛覆头,衣服上也装饰翡翠之羽,就是模仿神鸟行雨。在民间传说中,商羊鸟是吉祥鸟。每逢下雨之前,便有成群的商羊鸟从树林里出来玩耍。天长日久,人们见商羊鸟出现,便知雨水将至,家家户户挖沟开渠、疏通水路,为灌溉良田作准备。虽然商羊鸟逐渐绝迹,但每当天将大旱时,人们就自扮商羊鸟,戴面具,拿响板,单足高跳,并模仿商鸟摇头晃脑,脚挂铃铛,蹦蹦跳跳。

蔚县龙神庙壁画中,商羊为文官形象,多身着红色官袍,头戴官帽。鸟的位置有不同形式,或立于抬起的宽松左衣袖上(图 27.45),如:涌泉庄乡北方城龙神庙、涌泉庄乡黄家庄龙神、杨庄窠乡小岳家山龙神庙等;或立于向上的手指上,仅宋家庄镇辛落塔龙神庙1 例;或立在手持的一根棍上,如杨庄窠乡沙涧龙神庙、杨庄窠乡北庄头龙神庙;或手持鸟笼寓意鸟的存在,即杨庄窠乡小岳家山龙神庙、陈家洼乡陈家洼龙神庙(图 27.46)。

---

[1]　佚名编撰,王孺童点校:《三教源流搜神大全》,中华书局,2019 年,第 297 页。

图 27.45 涌泉庄乡卜北堡龙神庙东壁·商羊

图 27.46 陈家洼乡陈家洼龙神庙西壁·商羊

（二）旱魃

旱魃是古代神话传说中引起旱灾的怪物。在神话传说中，蚩尤与黄帝在冀州之野大战时，黄帝派应龙发动滔天洪水围困蚩尤，蚩尤则请来风伯、雨师，将应龙的军队围困在漫天风雨之中。黄帝又派了天女魃参战，魃身穿青衣，能发出极强的光和热，她来到阵前施展神力，风雨迷雾顿时消散，黄帝终于擒杀了蚩尤。应龙和魃建立了奇勋，但也丧失了神力，再也不能回到天上。应龙留在人间的南方，从此南方多雨水。魃留居北方，从此北方多干旱，她无论走到哪里，都被人们诅咒驱逐，因而又被称为"旱魃"。

南留庄镇松树村龙神庙中，龙母前方是一位身披红夹褂的神祇，身体前倾即倒，双手戴手铐，向前伸出，左手持一株干涸的禾苗，我们猜测此为旱魃形象（图27.47）。旱魃前上方为一位龙王，正回首下看，伸出右手摸着干涸的禾苗，通过禾苗的干涸情况决定本次行雨的雨量。

图27.47　南留庄镇松树村龙神庙东壁·旱魃与龙王1

北水泉镇向阳站龙神庙壁画中凤鸾之后有一位骑腾龙的龙王，龙王回首低头，一位双手被铐的神祇向上捧举一盆干枯禾苗，这位神祇应为旱魃（图27.48）。

图 27.48　北水泉镇向阳站龙神庙东壁·龙王与旱魃

五、待考之神

（一）肩扛钉耙之神

龙神庙壁画中，有两位成对出现的小神，一位扛钉，一位扛耙。两位小神一般出现在东壁与西壁的中上部（图 27.49）。对于肩扛着钉、耙的两位小神的解释，有解读为钉耙神者，也有解读为天蓬元帅者，也有解读为雹神者。但无论何种解释依据均不足，亦不贴切，无法说明该神在行雨图中的功能与地位。

有人将其释为钉耙神，缘于一位扛钉、一位扛耙的两个小神。古时钉与耙皆是农业生产中不可或缺的工具，即便现代农村生产工具中，钉与耙也司空见惯。

图 27.49　南杨庄乡九辛庄龙神庙东壁·钉耙神

也有人将其释为天蓬元帅。在吴承恩的《西游记》中，天蓬元帅因调戏嫦娥而被玉皇大帝逐出天界，投胎到了人间，却又错投猪胎，嘴脸与猪相似。风采不在的天蓬元帅，虽然成了喜剧性人物，但毕竟曾是紫微大帝的爱将北极天蓬大元帅，统领过千军万马。故乡民们还是觉得让他来掌管玉皇大帝手下的各位行雨之神较为可靠，因而在龙神庙的壁画中给他留了一席之地，在其中被刻画为一位身背钉耙的小神。但在行雨与回宫的场景中，天蓬元帅所扮演的角色却无法判定是在统领诸神行雨，还是在行雨队伍中作为诸神的助理。

还有人将其释为雹神，缘于降雨的主要条件云、风、雷、电之神已聚齐，就缺雹神助阵，而旧时民间有在农历的四月初一拜祭雹神的习俗。所谓雹神，就是西汉开国名将"李左车"。关于雹神的历史演变，鲜有文字记载，大多是老人们的零星记忆和民间传说。所以解读为雹神很难有文献与传说做支撑。

为了方便叙述，本文将此组合神暂称为钉耙神。

（二）手持葫芦之神

手持葫芦的神祇在蔚县龙神庙壁画中经常出现，目前至少已发现 5 处。该神的形象或为戴官帽的文官（图 27.50），或为满脸凶煞的武将，手持葫芦出现在行雨大军中，其含义还需进一步研究。

图 27.50　桃花镇马庄子龙神庙西壁·持葫芦之神

第三节　龙神庙壁画构图

前文对龙神庙壁画中行雨诸神、监督诸神、农业神等主要神灵在壁画中的形象与作用进行了介绍，正是这些神祇组成了众神《坐堂议事图》《出宫行雨图》与《雨毕回宫图》。由于历史传承、地域差异等原因，壁画中神祇数量、组合形式等呈现出不同的表现形式，即使同一表现形式也存在多种粉本上的区别，而且在规模上也没有定式，而是与殿堂的开间、进深有关。

一、正壁《坐堂议事图》

龙神庙正殿正壁壁画描绘的是众神在行雨前，龙母召集五龙王、雨师与众神坐堂议事的场景，画面严肃庄重，让信众起敬畏之心。《坐堂议事图》前排由 7 位主神[1]组成，即正中供奉龙母，东侧有 3 位龙王，西侧有 2 位龙王与雨师（图 27.51、52）。在正壁的两侧下方，时常会出现土地神、山神或雨官等。7 位主神身后，排列着监督诸神，不同的龙神庙排序不完全相同，但基本规律是年值功曹使者、月值功曹使者与月值功曹使者、时值功曹使

---

〔1〕　龙神庙壁画中龙王排列顺序并无定式，且五龙王有时从肤色、着装也难以分清，为方便叙述，本文对龙王进行编号。正壁《龙神坐堂议事图》中，西侧从内向外分别为龙王1、龙王2，东侧从内向外分别为龙王3、龙王4与龙王5；两侧山墙中，下排最后与判官交流的为龙王1，向南前依次为龙王2、龙王3……，上排从北依次为龙王4、龙王5；西壁按此原则编号。

者分列东、西两侧,令旗官、商羊、风伯、雷公、青苗神夫妇、判官与四目神、电母、风婆、钉耙神、虹童分列两侧。

图 27.51　杨庄窠乡小岳家山龙神庙正壁上部东侧

图 27.52　杨庄窠乡小岳家山龙神庙正壁上部西侧

　　上述内容基本是众神《坐堂议事图》的定式,但在表现形式上,遗留的《坐堂议事图》壁画又有以下 4 种类型(粉本),即:七位神像与身后其他诸神无分界、七位神像背靠条屏之顶分列其他诸神、出现老龙王、龙母两侧出现伎乐人。

　　(一) 主神与身后其他诸神融为一体

　　此种类型构图在蔚县龙神庙正壁壁画中占多数,据调查目前发现了 24 座。此类构图的主要形式是前排主神为龙母、五龙王、雨师,两侧下角时见雨官或土地神山神分列,其他诸神在龙王与雨师身后上方两侧分布,即在壁画的上部。这其中较特殊的是南岭庄乡苟家浅村龙神庙,该庙正壁《坐堂议事图》中,其他诸神分散于龙王与雨师之间。

1. 三间式

三开间大殿正壁有宽阔的空间去展示主神与身后其他诸神,绘画上龙母与五龙王、雨师皆是平起平坐排列,只是龙母两侧的随从多,占据更大的空间,更加突出。

柏树乡庄窠龙神庙 是此类题材壁画内容上保存最为完整的,也是蔚县境内发现可能有纪年的、最早的龙神庙壁画。殿内正脊檩上共贴有3个时期的题记:①东次间脊檩为"嘉靖贰拾捌年孟夏初建";②西次间脊檩为"天启五年重修";③明间脊顶为"康熙拾捌年重修,画工崔文利",据此初步可以判定此殿是清康熙年间重修的,从色彩与构图来看,壁画也有可能为康熙时期的作品(图27.53)。

正壁龙母龙王《坐堂议事图》中,明间正中为龙母,龙母两侧各立2位侍女。东侧为3位龙王,西侧为2位龙王与雨师,龙王与雨师身后或左或右皆伴有随从,随从手中持行雨时的法器。东次间与西次间两侧分别立一位雨官,怀中抱有雨簿,其顶上分布着降雨诸神。整个画面利用三开间宽阔的特点,构图疏紧适当,人员排列有序,充分展示了诸神的形象。

南岭庄乡苟家浅龙神庙 正壁所绘众神《坐堂议事图》较特殊,即其他诸神分散于龙王与雨师之间,而不是在身后而立,或画面的上部。壁画中人物服饰丰富,有宋代官员的长角幞头、明代官员的圆领服饰,以及唐代的宫廷侍女服饰,是难得的一堂具有各个时代服饰风格的壁画。且龙王之间交头接耳的场景,使画面动感十足。依据风格与色彩判断,壁画应为清中期作品,颜色古朴,造型生动(图27.54)。

此类题材壁画保存较好者还有杨庄窠乡嘴子龙神庙(图27.55)、下宫村乡苏官堡龙神庙(图27.56)、西合营镇西上碾头龙神庙(图27.57)、西合营镇横涧东堡龙神庙(图27.58)等。

2. 单间式

龙神庙为单开间时,正壁相对狭窄,如何在较小的空间既展示诸神的形象,又要突出龙母的地位,需要画师进行合理布局。该类题材最大的特点是龙母位居高处,高大而突出,两侧龙王与雨师呈渐低的斜边。

涌泉庄乡西任家堡龙神庙 是此类题材壁画中保存较好,且有纪年的。殿内前檐下悬有一块木匾,用毛笔书写修龙神庙的缘由与信士捐金情况,落款日期为"乾隆四十三年岁次戊戌七月"。殿内壁画与庙宇建筑应为同一年代。壁画表面虽涂刷白灰浆,但保存较好,色彩上以红、绿色为主调,而不像清晚期大量使用蓝色调。这堂《坐堂议事图》画面紧凑,龙王之间相互交流,动感十足。画中龙母形象高大,龙母两侧分坐5位龙王与雨师,两侧下角各列一位手持雨簿的雨官,上部两侧各有5位辅助之神。正壁前供台尚存,上置7个牌位,分别为龙母、五龙王与雨师(图27.59)。

北水泉镇向阳站龙神庙 也是此类题材壁画中保存较好者。正殿坐北面南,并排共四间,硬山顶,进深五架梁。西侧单间为龙神庙,东侧三间为地藏殿。龙神庙正壁壁画为龙母

图 27.53　柏树乡庄窠村龙神庙正壁

图 27.54 南岭庄乡苟家浅龙神庙正壁

图 27.55 杨庄窠乡嘴子龙神庙正壁

图 27.56 下宫村乡苏宫堡龙神庙正壁明间

图 27.57 西合营镇西上碾头龙神庙正壁

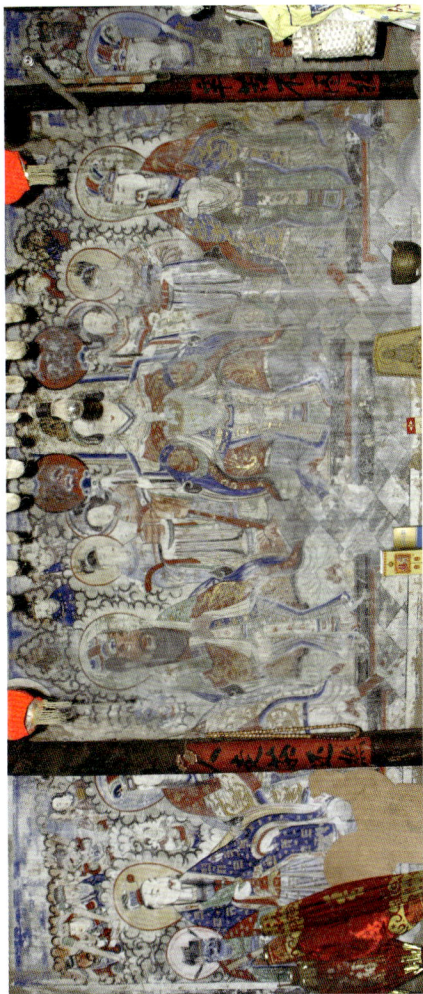

图 27.58　西合营镇横涧东堡龙神庙正壁

图 27.59　涌泉庄乡西任家堡龙神庙正壁

龙王《坐堂议事图》，东、西下角分别立着土地神与山神，画面顶部的是行雨与监督诸神（图27.60）。该堂壁画与涌泉庄乡西任家堡龙神庙正壁构图相似，渐低的效果不是十分明显。

图 27.60　北水泉镇向阳站龙神庙正壁

陈家洼乡李家楼三元宫龙神庙　是同类题材的特例。该庙正殿正壁所绘龙母龙王《坐堂议事图》中仅绘有 3 位龙王（图27.61），与蔚县其他龙神庙中的 5 位龙王有较大区别，此粉本源于何处，还需要进一步研究。

据南岭庄乡东双塔王大爷回忆，旧时曾经用一根木头做了 3 尊龙王像，即 3 位龙王是兄弟，分别供奉在东双塔、李家楼与黑龙湾 3 座村庄的龙神庙内。祭龙神时，需从红脸龙王、白脸龙王与黑脸龙王中抬出 1 尊，游神时至哪户居民家门口，此家便要倒一桶水。至于抬哪一尊龙王，主要看哪一尊能下雨，但只要抬出来的，都能下雨。按这个传说，李家楼三元宫龙神庙正壁坐堂议事图中，西侧为红脸龙王，东侧分别为白脸龙王与黑脸龙王。

此类题材中保存较好的还有白草村乡西细庄龙神庙、宋家庄镇井沟龙神庙、杨庄窠乡小岳家山龙神庙、杨庄窠乡席家嘴龙神庙、南留庄镇东人烟寨龙神庙、西合营镇司家洼龙神庙等。

杨庄窠乡小岳家山龙神庙　深山之中能有一堂龙神庙壁画保存下来实属不易。殿内前檐下悬有一块木匾，立于"大清光绪拾玖年五月"，为重修姚家山龙神庙之匾，记述了重修时善男善女捐款与出力情况。依据匾中记载以及壁画颜色推断，壁画应为清末民初时期作品，壁画基本上可以锁定绘制于光绪十九年重修时（图27.62）。正壁的《坐堂议事图》中诸神排列方式与宋家庄镇井沟龙神庙类似，两地虽距离较远，一在大南山飞狐峪古道边，一在蔚县北部山巅上，但壁画风格仍相近。略有不同的是，小岳家山龙神庙两侧下角的雨官相对较矮小。

南留庄东人烟寨龙神庙　壁画绘画年代未知，从色彩来看，可能在清末民初时期。正

图 27.61　陈家洼乡李家楼三元宫龙神庙正壁

图 27.62　杨庄窠乡小岳家山龙神庙正壁

壁绘龙母龙王《坐堂议事图》(图27.63),特别之处是每位神像依其对象分别标有"凤""龙"与"雨师"的沥粉贴金文字,龙母为"凤",龙王为"龙",雨师为"雨师",这种榜题式的注释文字在龙神庙正壁壁画中较为罕见。

图 27.63　南留庄东人烟寨龙神庙正壁

西合营镇司家洼龙神庙　壁画为清中期作品。正壁《坐堂议事图》在风格上与上述单间的龙神庙有所不同,而是利用该殿高大的特点,将中间位置的龙母完全突出到画的高处,两侧的龙王与雨师的头部高度不及龙母的腰部,为了构图合理,在龙母上身与肩部的两侧绘各行雨之神,由于上部还有空间,绘出两条巨龙(图27.64)。

(二) 七位主神背靠条屏,条屏之顶分列其他诸神

这类题材的特点是在龙母、五龙王与雨师等7位主神后面绘出一面条屏,条屏将画面空间分为前后两个空间,其他行雨诸神、监督诸神等居条屏顶部,且只露出上半身。这类题材壁画目前仅发现有8座,从风格来看,均绘于晚清民国时期。据学者研究,古代寺观壁画中大量绘制条屏画的做法,出现于清末民国时期。该时期寺观壁画出现短暂复兴,寺

图 27.64 西合营镇司家洼龙神庙正壁

观受文人画影响，增加了几分书卷气。

蔚州镇李堡子六神庙龙母殿 这是此类壁画题材中保存最完整的一幅（图 27.65）。

草沟堡乡樊庄子龙神庙 是此类题材中保存较好的一幅，也是有明确纪年的一幅，依据画中题记："宣统庚戌桂月修"，壁画绘于宣统二年。正壁众神《坐堂议事图》中，主神背靠条屏，条屏内还题写有诗句。条屏前正中为龙母，龙母脚下盘一条龙，画中沥粉贴金部分为近年局部重新描绘（图 27.66）。

图 27.65　蔚州镇李堡子六神庙龙母殿正壁

图 27.66　草沟堡乡樊庄子村龙神庙正壁条屏式壁画

草沟堡乡板厂下庄龙神庙　从西壁《雨毕回宫图》判官手中雨簿的题记得知,壁画应绘制于1923年。正壁《坐堂议事图》中,龙母、五龙王与雨师背靠条屏,龙母两侧的条屏前各绘3位人物。中部龙母高大,两侧诸神依次降低,龙母身后各有一位持扇侍女。东侧绘有3位龙王,西侧绘有2位龙王与雨师。东侧下角雨官尚存,西侧下角已毁。上部各辅助之神被厚厚的白灰浆所覆盖(图27.67)。

图27.67　草沟堡乡板厂下庄龙神庙正壁

(三)《坐堂议事图》中出现老龙王

在《坐堂议事图》中出现老龙王这类题材,是指在壁画中除绘龙母、五龙王与雨师7位主神外,还绘有老龙王形象,目前仅下宫村乡东庄头龙神庙1例。

下宫村乡东庄头龙神庙　正壁明间正中绘有老龙王,老龙王边上各有1位龙母,身后为持扇侍女。老龙王脸部重新描绘,面部呈黑色,留有胡须。东次间绘有3位龙王,西次间绘2位龙王与雨师,东西下角为雨官;上部各有6位行雨辅助神,这些内容与其他龙神庙的《坐堂议事图》一致。但龙神庙正壁正中绘老龙王,两侧各有1位龙母,在蔚县尚属孤例(图27.68)。

(四)龙母两侧出现伎乐人

在正壁《坐堂议事图》中龙母两侧绘伎乐人,仅在桃花镇扯业辛庄龙神庙正壁中出现,也属孤例。壁画应为清中期作品。正壁绘众神《坐堂议事图》,明间正中为龙母,明间东侧与东次间供3位龙王,明间西侧与西次间供2位龙王与雨师。龙母两侧各绘有6名伎乐人,持各类乐器在演奏(图27.69)。

图 27.68　下宫村乡东庄头龙神庙正壁·老龙王

图 27.69　桃花镇扯业辛庄龙神庙正壁·龙母与伎乐人

二、山墙壁画

蔚县龙神庙正殿东、西山墙内壁,诸神布满整个画面,诸神形象一动一静,相得益彰。东壁称为《出宫行雨图》,表现的是行雨场景,画面动感十足,众神腾云驾雾,呼风唤雨,行雨时各司其职,密切配合,场面壮观。西壁称为《雨毕回宫图》,表现的是众神行雨辛劳后,闭目养神回宫场景。两侧画中的主要神祇与正壁基本一致,即由行雨主神、行雨辅助神、监督诸神、农业神等诸神组成的行雨大军。但不同的是如玉帝的手、传旨官、云神、土地神、山神等神,还有水车、轿子以及推水车、抬轿子的众小神等,在正壁中一般不会出现。

还有少数壁画中出现虾兵蟹将等形象。另外,壁画底部绘人间情景及人物,如大旱逢甘霖后人们在雨中奔跑避雨,以及庆丰收场景等,这些内容也是山墙壁画的重要组成部分。为便于研究,底部的人间场景壁画设专门章节介绍。

（一）东壁《出宫行雨图》

东壁绘《出宫行雨图》,画面整体构图以云雾翻滚、令旗招展为背景。五龙王分别披黄、青、黑、白、红五色龙袍,分两排位居云层之上,一般下排为3位龙王,上排为2位龙王,但不同的粉本,其五龙王胯下坐骑与手持物品有所不同,或骑龙,或骑麒麟,或骑瑞兽,手中或持钵,或持瓶。雨师与五龙王并行,雨师通常身穿绿色道袍,头上结帻,左手持茶碗,碗中有时绘翻卷的浪花,有时绘一条翻江倒海的小龙,右手执柳,沾水后,作向下作掸水行雨状。

在龙王、雨师之后,皆有令旗官手持令旗或随从伴随。为确保降雨所需的水源充足,几位水神手推水车,车中水花翻滚,伴随在龙王左右。雷公手引连鼓,双手推椎,若击打之状。电母两手各执铜镜,扭腰劲舞。风伯、风婆分别手持风口袋,袋口吹出强劲的风。此景此状,给信众一种电闪雷鸣、风声呼啸、大雨倾盆的印象。

手持曲尺的四目神多位于画面的南侧上部;判官、传旨官神情严肃;青苗神夫妇手持青禾;钉耙神肩扛钉耙,分布在画面中间偏北的位置。四值功曹分别持四值令牌,或集中于偏北侧一隅,或分散在中间的两侧。

整幅《出宫行雨图》下部绘人间久旱逢甘霖场景,人们在雨中奔跑、躲雨。

（二）西壁《雨毕回宫图》

西壁绘《雨毕回宫图》,画面中云消雾散,一道彩虹从虹童手持的瓶中飞出,横跨在图面上部。

此时的五龙王坐骑分别换为黄、青、黑、白、红五色骏马（或瑞兽）,雨师亦骑骏马跟随,令旗官则变成伞手,持巨伞伴随在五龙王与雨师身后。电母、风婆相偎依坐在空水车中,双目微闭,任凭水神推行;雷公收起连鼓背于身后,风伯收回风袋扛于肩上,跟随在队伍之中。此时的判官打开圣旨与殿后的龙王进行交流,核对并记录诸神降雨的工作,但圣旨中的文字为玉帝所言,凡人无法看懂。

此外还有两处动感十足的场景,分别位于北侧上角与南侧。北侧上角的传旨官,胯下一匹飞奔的骏马,或双手捧出（如北水泉镇向阳站村龙神庙）,或单手平持玉帝的圣旨,向位于右上角玉帝伸出的一只手交回旨令,唯恐耽误回旨。壁画南侧绘众将赶忙把一条巨龙以铁链束缚于大树之上,据传此举是为防止龙神不听圣旨,擅自降雨,危害人间而采取的措施。

需要说明的是,《出宫行雨图》《雨毕回宫图》中虽未出现玉皇大帝的形象,仅以西壁《雨毕回宫图》右上角伸出的一只手代替,但足以说明玉帝在整个行雨神灵体系中的统领地位（图27.70）。

图 27.70　宋家庄镇辛落塔村龙神庙西壁·玉帝的手

　　整幅《雨毕回宫图》的下部，绘风调雨顺丰收之后，乡民们庆祝丰收，列队水晶宫前，祭祀龙王的场面。

三、山墙壁画构图类型分析

　　龙神庙东、西两壁的《出宫行雨图》《雨毕回宫图》，虽主要神祇数量大致相近，但诸神的位置却并没有固定的顺序。由于龙母是行雨图中诸神的核心，因此画面中龙母位置的不同，决定了整个画面的构图形式不尽相同，笔者认为可以此区分不同粉本。

　　据田野调查，蔚县龙神庙的山墙壁画中，依龙母所在的位置可分为4种类型，即：龙母立于画面北侧的水晶宫中、众小将用轿抬龙母牌位居画面之中部核心、龙母乘凤辇位居画面之中部核心、画面中不出现龙母的形象。在所有类型的构图中，一般情况下，龙母如伴随众神出宫，则一起返回。但龙母在水晶宫内目送众神出征的场景，在回宫图中却演变为两类，一类龙母仍在水晶宫中恭候众神回宫，另一类是回宫图中龙母不在水晶宫内，而只有土地神携山神在恭迎众神。

　　（一）龙母立于画之北侧水晶宫中

　　龙母立于画北侧水晶宫中是蔚县龙神庙山墙壁画的主流，目前遗留有34座，但保存较好（画面有一半以上遗留）者仅 14 座。此类题材壁画中，水晶宫皆位于画面最北端，龙母立于水晶宫中，身边立侍女或云神。在东壁《出宫行雨图》中，龙母目送诸神出宫行雨；在西壁《雨毕回宫图》中，龙母则恭候诸神行雨后凯旋回宫。

涌泉庄乡西任家堡龙神庙　正殿山墙壁画保存较好。东山墙绘《出宫行雨图》，主体画面为五龙王与雨师行雨，左侧为水晶宫，龙母立于水晶宫内，两侧各立一位随从。西山墙绘《雨毕回宫图》，主体画面为五龙王、雨师行雨后回宫，右侧为水晶宫，龙母等人立于宫下台明上，龙母手捧笏板，台明边缘立一位双手抱拳的官人，宫前判官与令旗官前来交差（图 27.71、72）。

图 27.71　涌泉庄乡西任家堡龙神庙东壁·水晶宫

图 27.72　涌泉庄乡西任家堡龙神庙西壁·水晶宫

　　殿内前檐下悬有一块题写于"乾隆四十三年岁次戊戌七月"的木匾,上用毛笔书写修龙神庙的缘由与信士捐金情况。由此可知,龙神庙修建于乾隆四十三年。殿内壁画色彩以红、绿色为主调,而不像清晚期大量使用蓝色调,推测与庙宇建筑为同一年代,是难得的清中期壁画。

　　阳眷镇豹峪龙神庙　从壁画风格看,应该是清中期作品。西壁绘《雨毕回宫图》,画面右侧为水晶宫,龙母与两位侍女立于水晶宫中,恭候行雨大军凯旋。水晶宫下站立着土地神与山神,山神持钢鞭(图 27.73)。

　　以下几座龙神庙壁画的东、西壁在诸神数量上出现了不对称,龙母在东壁水晶宫中出现,而在西壁却不见踪影,只有土地神在恭迎众神回归。

　　蔚州镇李堡子六神庙龙母殿　是保存较为完整的龙母立于水晶中内题材的壁画。东壁绘《出宫行雨图》,西壁绘《雨毕回宫图》。东壁《出宫行雨图》内侧下角绘水晶宫,龙母立于水晶宫前,目视众神行雨。西壁《雨毕回宫图》中右下角只立有山神与土地神,恭候众神回宫,而水晶宫与龙母形象未出现(图 27.74、75)。

图 27.73 阳眷镇豹峪龙神庙西壁

图 27.74 蔚州镇李堡子六神庙龙母殿东壁

图 27.75　蔚州镇李堡子六神庙龙母殿西壁

宋家庄镇辛落塔村龙神庙　正殿山墙壁画保存较好,从色彩来看,应是清末民初所绘,此堂壁画的东、西壁在诸神的数量上出现了不对称。东壁《出宫行雨图》中龙母立于水晶宫台上,山神、土地神、二郎神与哮天犬立于水晶宫前;画面正中绘有一座宫殿,五龙王呈半弧形环绕宫殿,骑龙腾飞降雨。而在西壁《雨毕回宫图》中,壁画北端常见的水晶宫已不见踪迹,仅在右下角立有土地神双手作揖而立,土地神身前蹲一只哮天犬仰天而吠,恭候诸神凯旋(图 27.76、77)。

涌泉庄乡黄家庄龙神庙　在此类题材壁画中保存一般。东山墙《出宫行雨图》中左侧是水晶宫,龙母在宫中端坐,云神伴其侧释放一缕卷云。水晶宫前匍匐一人,身份未知。画底部为人间场景,左侧绘有堡门,上书"黄家庄堡",堡门外绘挑担的、骑马的、打伞的、肩背农具的人物,匆匆向堡门奔去,只有远处的 3 位躲在山洞之中。西山墙绘《雨毕回宫图》,画面右侧未见水晶宫与龙母,只有土地神与山神立于右下角,恭迎龙王与诸神归来。画面中部为两位长着马面,留着长须,戴着官帽的雨官。西墙壁画中判官手持一幅卷轴,上面写有一首求雨的吉祥语,落款时间为"光绪二十四年五月重修",对龙神庙壁画的断代起到一定作用。

涌泉庄乡卜北堡龙神庙　壁画为清中期作品。东山墙绘《出宫行雨图》,画面主体是

图 27.76　宋家庄镇辛落塔村龙神庙东壁·水晶宫中的龙母

图 27.77　宋家庄镇辛落塔村龙神庙西壁·土地神

五龙王与雨师行雨。左侧为水晶宫，龙母立于其中，两侧各立一位随从。西山墙绘《雨毕回宫图》，右侧绘一座小院，龙母未出现，院外站立土地神，土地神前方绘一位倒立顶香炉的小鬼。画中还有两处生动之处，一是一位倒立双脚夹瓶倒水的小鬼，一是手持瓶向人间倒水的小童。画底部为人间村民吹奏庆祝丰收的场景。

宋家庄镇吕家庄北堡龙神庙　东壁所绘《出宫行雨图》与其他龙神庙内的布局有所不同，而与南双涧龙神庙壁画相似。西壁《雨毕回宫图》同样与其他龙神庙壁画有所不同。右下角为土地神，其身后立着一位打伞的随从（图 27.78）。

图 27.78　宋家庄镇吕家庄北堡龙神庙西壁·土地神与功曹

草沟堡乡板厂下庄龙神庙　从壁画中判官手持的雨簿得知,壁画绘于 1923 年,是蔚县南部深山中民国时期此类题材壁画的代表。东壁《出宫行雨图》中,左侧水晶宫受损,其中有一位站立的神祇,身份未知。西壁《雨毕回宫图》中,右侧为水晶宫,土地神与山神立于宫前恭候。

（二）抬龙母牌位出行

在山墙壁画中绘抬龙母牌位出行,即众小将用銮轿抬龙母牌位居画面之中部核心,周边簇拥侍女、旗手与众神,此时龙母仍位于水晶宫中,水晶宫中构图与前述类型一致。此类构图的壁画在蔚县龙神庙中遗留数量相对较少,目前仅发现有 8 座,壁画保存较好的有柏树乡庄窠村龙神庙、涌泉庄乡北方城龙神庙、涌泉庄乡土均庄龙神庙、西合营镇夏源村南堡龙神庙、西合营镇夏源东辛堡龙神庙、下宫村乡东庄头村龙神庙、南留庄镇埚串堡龙神庙、南留庄东人烟寨龙神庙等。

柏树乡庄窠龙神庙　是此类壁画题材中保存最好者,可能也是蔚县现存最早的龙神庙壁画。东壁《出宫行雨图》中,左侧绘水晶宫,龙母与侍女立于宫中,宫外侧有一位神童骑于小神身上,中间为一顶銮轿,轿内放置牌位,轿前有一位雨官引领,轿前下方有一位雨官,这是抬牌位出宫行雨的典型案例。西壁《雨毕回宫图》,西壁右侧绘水晶宫,龙母侍女和其场景与东壁相似。水晶宫前台明下立有土地神、山神与天犬,銮轿仍位居回宫大队的正中,周边围绕着的是龙王、雨师（图 27.79）。

图 27.79　柏树乡庄窠龙神庙西壁·抬龙母牌位回宫

通过分析龙神庙内的题记与壁画绘画风格,这类壁画成画的年代较早。庄窠龙神庙正殿内脊檩上一共贴有3个时期的题记,东次间脊檩为"嘉靖贰拾捌年孟夏初建",西次间檩脊为"天启五年重修",明间檩脊为"康熙拾捌年重修",除了这3条题记外并未发现更晚者。因此判定现存殿宇为康熙年间重修,从壁画用彩来看,亦具有清早期风格。由此断定,众小将用銮轿抬着龙母牌位居画面之中部核心类型出现在清早期。

同时,通过对如今蔚县村民的走访了解,在祭祀龙神求雨时,村民普遍不会将殿中的主神像抬出殿外,而是将龙神的小木像或龙神牌位抬出。这与上述壁画的构图不谋而合。轿抬龙神牌位出殿行雨是蔚县祭祀龙神求雨活动中主要内容之一,其源头或发端于清早期。

涌泉庄乡北方城龙神庙　从风格来看,壁画应是清中晚期作品。山墙壁画上部中间可见半个轿子形象,轿内无龙母,因此该壁画亦属是抬龙母牌位出行的类型(图 27.80)。

图 27.80　涌泉庄乡北方城龙神庙东壁·銮轿

下官村乡苏官堡龙神庙　正殿东壁《出宫行雨图》,左侧绘水晶宫,龙母站立宫内,龙母后侧为持礼盒侍女,前侧为持瓶出云的云童,彩云之下有一位骑兽的神祇,壁画中部绘众小神抬一宫殿式轿子出行,周边簇拥着随从。西壁《雨毕回宫图》中右侧为水晶宫,龙母携侍女、云童,还有宫前的一位神祇等随从迎候。回宫队伍中,銮轿居中,四周随从簇拥。与常见的龙神庙壁画略有区别的是,行雨神中出现了两位电母(图 27.81)。正殿东侧槛墙上嵌一通 1919 年的《重修龙神庙碑记》石碑,为壁画断代提供了依据。

下官村乡东庄头龙神庙　正殿东壁《出宫行雨图》中,龙母立于水晶宫内,龙母两侧立持扇侍女,画面正中众小神抬銮轿而出,轿内置一牌位(图 27.82)。西壁《雨毕回宫图》为厚厚的白灰浆覆盖,可释读的信息很少,内侧绘水晶宫,龙母立于宫内,双手持笏板,恭候众神回宫,两侧各立一位持扇侍女。

图 27.81　下宫村乡苏官堡龙神庙东壁

图 27.82　下宫村乡东庄头龙神庙东壁

　　宋家庄镇西潮陶龙神庙　正殿壁画虽然漫漶，但由于西潮陶位于大南山深处，能代表蔚县南部深山地区村庄的龙神庙壁画风格，是研究深山中村民龙神信仰难得的样本。东壁《出宫行雨图》，画中未绘水晶宫，但壁画正中有一座宫殿式的楼阁，判定此为轿顶，因此，该壁画属抬龙母牌位出行的类型（图 27.83）。

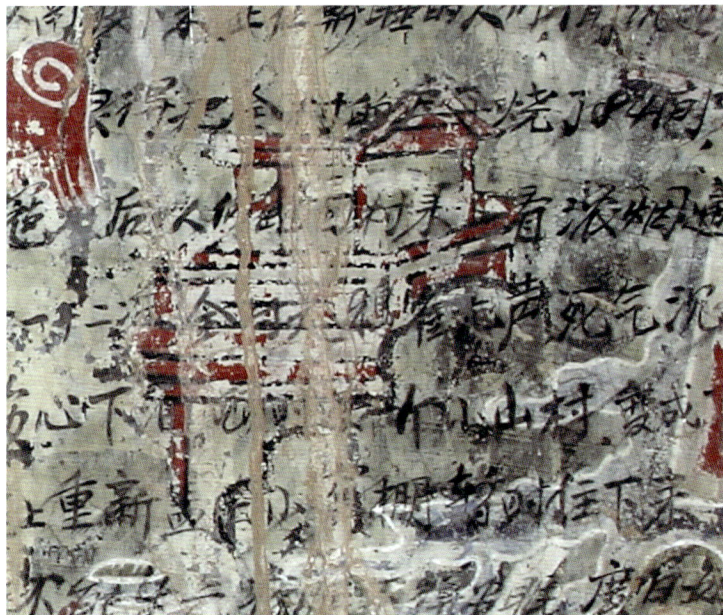
图 27.83　宋家庄镇西潮陶龙神庙东壁·銮轿

南留庄镇坞串堡龙神庙　正殿东壁表面为厚厚的白灰浆覆盖,仅左侧(北侧)露出水晶宫,宫内檐下为一供桌,供桌后龙母立于正中,龙母右侧为侍女,左侧为云童。水晶宫前,露出一条龙,龙身与龙首可见,但龙王为白灰浆覆盖。龙王前隐约露出一尊轿,故属抬龙母牌位出行的类型,轿前可见一辆水车(图 27.84)。

图 27.84　南留庄镇坞串堡龙神庙东壁·凤辇

（三）龙母乘凤辇出宫行雨

龙母乘凤辇出征是指山墙壁画中，龙母乘凤辇居画面中部，周边簇拥着侍女与众神，凤辇中龙母探出身子向前倾，目光注视着前下方，似在为众行雨之神助威。这类粉本的壁画遗留数量较少，目前仅见陈家洼乡陈家洼村龙神庙、北水泉镇向阳站龙神庙、宋家庄镇南双涧龙神庙、杨庄窠乡小岳家山村龙神庙4座龙神庙壁画中。

陈家洼乡陈家洼龙神庙　正殿壁画保存较好，画中龙母离开水晶宫，乘轿居中，是龙母乘凤辇随诸神出宫行雨的典型粉本，色彩以绿色为主色调，为清中后期作品。

东壁《出宫行雨图》中，以凤辇为中心，龙母坐于轿内向外探头，周围前呼后拥着众随从，前方由一位骑马持笏板文官引路。留守在水晶宫内的只有1位云神，左手举起布云，彩云飘出，充满整个画面（图27.85）。

西壁《雨毕回宫图》中，以凤辇为中心，龙母坐于轿内向外探头，前方由一位骑鱼的文官引路，轿前与轿下方各有3位持杖随从，一道彩虹从轿后的虹童瓶中飞出，罩于轿顶。画的右侧是一座宫殿，殿台明上站立有土地神，脚下有两只天犬，由于立柱所挡，不知是否有山神（图27.86）。

北水泉镇向阳站龙神庙　正殿壁画保存较好，题材亦是龙母乘凤辇随诸神出宫行雨的典型粉本，但与陈家洼乡陈家洼龙神庙相比年代稍晚。

东壁《出宫行雨图》，北端的水晶宫内立一位云神，施出的一股云团布满整个画面。出宫行雨的队伍中，龙母乘凤鸾位于正中上方，双眼下望，监督着行雨的诸神，众旗手簇拥其周边（图27.87）。

西壁《雨毕回宫图》在回宫队伍中，龙母乘凤鸾位于正中上方，众神簇拥其周边。水晶宫前立着土地神与山神恭候诸神凯旋（图27.88）。

宋家庄镇南双涧龙神庙　壁画题材为龙母乘凤辇随诸神出宫行雨。残存的壁画色彩艳丽，从风格来看，应是清中期的作品。从残存的上半部分内容考察，其构图也有独特之处，如：主画面周边有朵朵菊花环绕，这种风格并不多见；东壁中四值功曹位于最前面，与吕家庄北堡龙神庙的相似。

东壁《出宫行雨图》中，龙母乘凤銮与各位随从位居画面的北侧，即处于整个行雨大军的后部督战。画内侧为水晶宫，但仅露出脊顶（图27.89）。

西壁《雨毕回宫图》中，众神抬一顶小轿，轿中方几之上置数本书；前面的小鬼抬一物（下部已毁）；画的右部，下部是水晶宫，旗官引领龙王及众神正走向水晶宫（图27.90）。

杨庄窠乡小岳家山龙神庙　壁画位于蔚县西北丘陵深处，为典型的龙母乘凤辇随诸神出宫行雨题材，整体保存较好。东壁《出宫行雨图》中，各辅助神位居前面打头阵，龙王在队后，龙母乘凤銮驾压阵，龙母前有年值、月值功曹，后有日值、时值功曹，周边簇拥着随

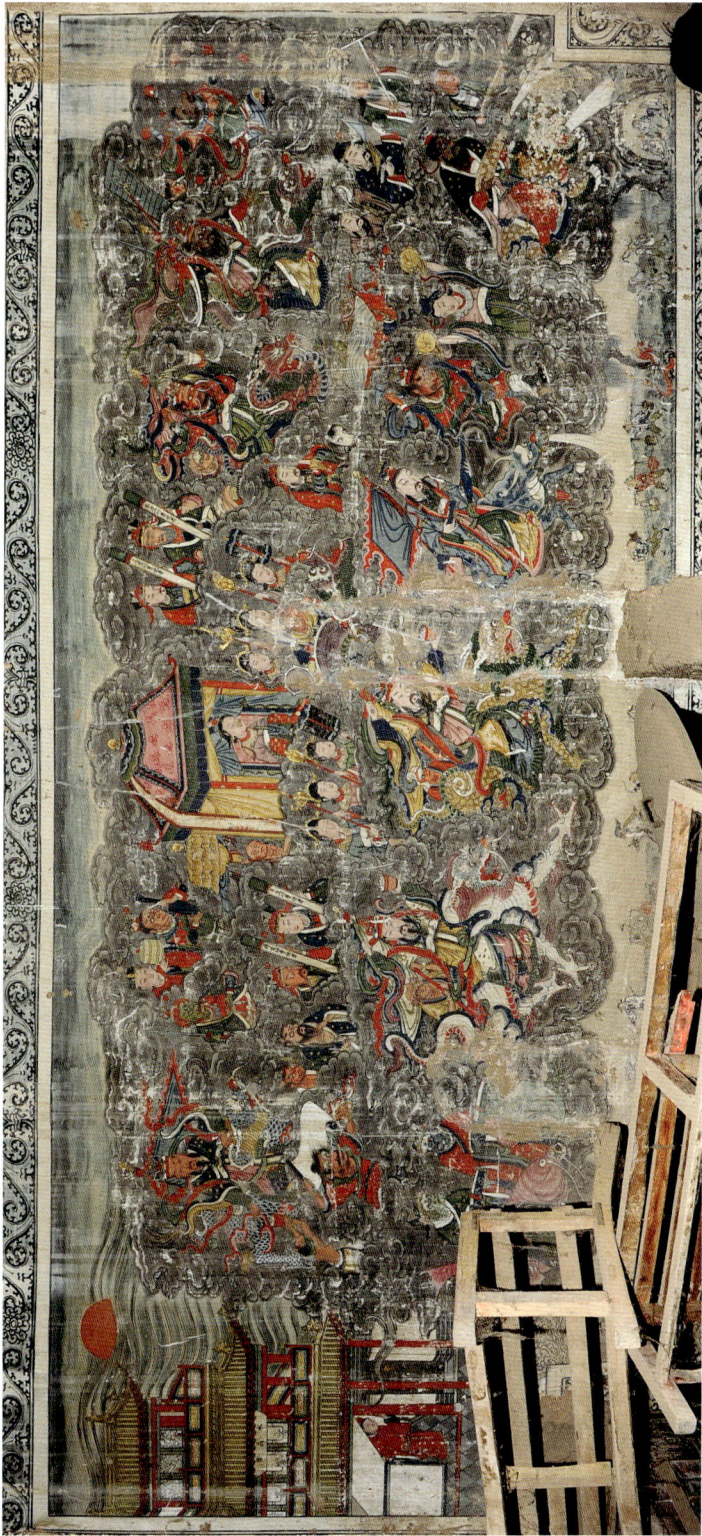

图 27.85　陈家洼乡陈家洼龙神庙东壁

图 27.86　陈家洼乡陈家洼龙神庙西壁

图 27.87　北水泉镇向阳站龙神庙东壁局部·龙母乘凤辇出征

图 27.88　北水泉镇向阳站龙神庙西壁

图 27.89　宋家庄镇南双涧龙神庙东壁·龙母

图 27.90　宋家庄镇南双涧龙神庙西壁

从;行雨图的最左侧是水晶宫,龙母站立于水晶宫内,其上方有一轮红日。画面底部是一行匆忙躲雨的行人、农人等(图 27.91)。

　　西壁《雨毕回宫图》的下方是一座宫殿,殿檐前站着土地神与山神,恭迎行雨大军凯旋;行雨众神之后紧跟着龙母銮驾与随从,龙母坐其中,四值功曹分列前后;龙母銮驾之后,黑脸龙王怒目圆睁,回首看向判官手中的雨簿,落实降雨是否满足要求。画的底部是庆丰收的场景,在村首带领下,乡民列队到龙神庙酬神(图 27.92)。

图 27.91　杨庄窠乡小岳家山龙神庙东壁·龙母乘凤辇出征

图 27.92　杨庄窠乡小岳家山龙神庙西壁·龙母乘凤辇回宫

（四）画面中不出现龙母形象

龙神庙山墙壁画中不出现龙母形象的构图类型，遗留数量极少，目前仅见杨庄窠乡席家嘴村龙神庙、南岭庄乡苟家浅村龙神庙与西合营镇柳子疃村龙神庙3座。为何《出宫行雨图》与《雨毕回宫图》中龙母皆未出现？此时龙母又去何处？没有龙母的行雨团队的核心又是谁？这些都需要进一步调查与研究。

南岭庄乡苟家浅龙神庙　正殿壁画中龙母仅出现在正壁壁画正中。山墙壁画中既没有轿抬龙母或牌位出宫，水晶宫中亦未出现龙母形象，宫中只有云神在布云。

东壁《出宫行雨图》中，左侧（北侧）水晶宫内未见龙母，门前一位云神手端云盘，一缕云雾喷入天空；云神身后，一位侍童撩帘探出半个身体，前面整个画面为行雨大军（图27.93）。

图 27.93　南岭庄乡苟家浅龙神庙东壁

西壁《雨毕回宫图》中，众神之中判官手捧雨簿，上书"玉帝降旨水晶宫，普降甘霖大地中，五风十雨滋苗稼，四序三农乐升平。出宫降吉祥回"字样。此时的水晶宫中，绘一位侍童撩开帘子向外张望，恭候回宫诸神，龙母却没有出现（图27.94）。

西合营镇柳子疃龙神庙　由于正殿墙壁面积小，整堂壁画神像布局紧凑。从色彩考察，壁画应为清中晚期作品。如今仅存东壁的《出宫行雨图》，画面中既未见水晶宫，也未见龙母。图中众神簇拥着一座宫殿式建筑，似在引领众神行雨，但其中并未现龙母形象（图27.95）。该行雨图与南岭庄乡苟家浅龙神庙行雨图相比，都未出现龙母形象。前者是没有水晶宫，只有画面中的一座宫殿式建筑；后者是有水晶宫，但宫中只有一位侍童。

杨庄窠乡席家嘴龙神庙　壁画中的人物服装为着红缨帽的清代服饰。从技艺看，其应为清中晚期作品。

图 27.94　南岭庄乡苟家浅龙神庙西壁

图 27.95　西合营镇柳子疃龙神庙东壁

东壁《出宫行雨图》中，画的左侧由水晶宫与天界飞奔的传旨官组成，水晶宫内置供桌，桌上置牌位，但未见龙母的身影。供桌前立一位老者，老者前云神双膝着地，双手扶云瓶向天空释放云雾；云神释放的云端，露出钉与耙，但未见神影，仅为一种寓意，这种表达手法在现存龙神庙壁画中仅此一例（图27.96）。

图27.96 杨庄窠乡席家嘴龙神庙东壁·水晶宫

西壁《雨毕回宫图》的右侧,下角是宫殿前恭候众神回归的土地神,土地神前扑倒一位神祇(身份未知),画面的主体是众神回宫。图底部绘庆祝丰收的乡民,列队走向前祭祀。值得注意的是,画中水车空驶,在其他龙神庙壁画中未见。

四、山墙壁画整体构图上的个例

上述《出宫行雨图》与《雨毕回宫图》的表现形式,在蔚县乃至河北北部、山西北部与北京延庆的龙神庙壁画中占主导地位,但在蔚县也有特殊粉本的龙神庙壁画。

(一)供奉五方五帝

下宫村乡周家庄南堡龙神庙　正殿西山墙壁画底部的乡民祭神场景中,供桌上供奉"五方五帝行雨龙王神位"牌位,行雨之神不是蔚县其他龙神庙中常见的五龙王,而是五方五帝。五方五帝为天地开辟之前的先天神灵,故称"元始五老"(图 27.97)。从画中的五方五帝、雷公等形象来看,也与常见的有较大的区别,这类粉本在蔚县目前尚属孤例。五方五帝出现在龙神庙中的原因尚需进一步研究。

图 27.97　下宫村乡周家庄南堡龙神庙西壁局部

正殿前地面尚存石碑 3 通,即万历十九年的《创修庙记事碑》、雍正八年的《重修龙神庙碑记》、乾隆三十八年的《重修龙神庙碑记》,碑阴为布施功德榜。2 通完好,1 通仅存半截。从石碑记载来看，该庙创建于万历十九年，雍正八年、乾隆三十八年重修。从风格来看，壁画应为清中期作品，即乾隆三十八年重修时所绘，因而推测清中期蔚县的龙神庙壁画粉本还没有形成一定的范式，仍处于百花齐放的阶段，所以壁画粉本内容相对丰富。

（二）多神共祭

一殿供奉数神，多神共祭的殿堂遗留数量较多。一殿供奉数神，共祭数神现象的出现，有可能是村民出于祭祀便捷的缘故，也可能是该村经济实力有限，无法募集到更多钱款修建多座寺庙的缘故。一殿供数神者亦见于北京延庆区花盆村关帝庙，该庙中殿内供奉关帝和龙神，其壁画上半部用连环画的形式绘关帝的故事，下半部则为《龙神行雨图》。

一殿供奉数神虽多是村民常祭拜的神祇，但其神祇的组合多有变化。这其中有以龙神为主体，配合关帝、马神、泰山、观音的；也有以其他神祇为主体，如三官、玉皇等，配合龙神、关帝、泰山、观音等的。这些多神共享一堂的殿宇，乡民多俗称为"大庙"。

在田野调查中我们发现，在蔚县南岭庄乡、西合营镇、杨庄窠乡、吉家庄镇、桃花镇、柏树乡等地皆存在龙神、关帝、马神、泰山等同奉于一堂的现象。由于目前多神共享一堂而又能释读内容的壁画遗留较少，所以多神共祭时涉及哪几种神祇组合，壁画上有何特点，已无法调查清楚。本部分解读以龙神为主神的大庙内的壁画，包括正壁明间所绘龙母龙王《坐堂议事图》以及两侧山墙绘行雨图者，目前已知的有南留庄镇塌串堡龙神庙、陈家洼乡上元皂龙神庙、桃花镇七百户龙神庙、桃花镇马庄子龙神庙、草沟堡乡行岭龙神庙等10座。

1. 多神共祭的正壁壁画

存在多神共祭的殿堂的开间均为面阔三间（含坐二破三式），其中较宽阔的后墙正壁是供奉多神的场所，在以龙神庙为主的多神共祭场所，正壁明间绘以龙母龙王众神《坐堂议事图》，在两侧次间绘所祭的其他神祇。由于目前此类题材的壁画多受损严重，还没有辨识出两侧次间组画中主要供奉何方神祇，仅能依据当地乡民的回忆。调查时村中的长者有时可以给我们讲大庙是由何神祇组成的，以及祭祀时主要祭何神，如吉家庄镇傅家庄龙神庙，乡民回忆明间供奉龙神，东次间供奉关帝，西次间供奉泰山奶奶。

南留庄镇塌串堡龙神庙　正殿面阔三间（坐二破三式），正壁壁画场景宽大，由三部分组成，明间绘龙母龙王《坐堂议事图》（图27.98），东次间与西次间各供一位主神。

明间《坐堂议事图》中间为龙母，东侧有3位龙王，西侧有2位龙王与雨师；两侧上部各绘2位功曹与2位辅助之神。龙王所披之袍皆绘龙饰纹，雨师所披之袍绘八卦饰纹。

东次间正中绘主神,两侧各绘随从,东下角站立雨官,上部还有神像,但已被覆盖。西次间正中绘主神,两侧各绘随从,西下角站立雨官,上部也有神像,但已被覆盖。

山墙壁画绘龙神行雨的内容,东壁为厚厚的白灰浆覆盖,只有左侧(北侧)露出水晶宫,中间局部露出壁画。水晶宫内檐下置一台供桌,供桌后龙母立于正中,龙母右侧为侍女,左侧为云童。水晶宫前,露出一条龙,可见龙身与龙首,但龙王被白灰浆覆盖。龙王前隐约露出一尊轿(西壁中部亦隐约可见轿子),即该壁画为抬龙母牌位出行这类粉本。轿前可见一辆水车。

陈家洼乡上元皂龙神庙　正殿面阔三间,正壁壁画为清末民国时期的作品,场面宏大。明间绘有龙母龙王《坐堂议事图》,正中绘龙母,两侧分别为五位持笏板的龙王与右手托物(画面漫漶,无法释读物品种类)的雨师(图 27.99)。

东、西次间各有一位主神与两位随从。东次间的主神着红袍,身后各立一位持扇的侍者,两侧各一位随从。西次间主神与东侧随从仍被白灰浆覆盖,西侧随从着蓝袍,袍上绘八卦饰纹。

东壁只有右上部分露出,可见 4 位功曹、位居队伍前列的四目神。西壁只有右上部一位功曹可见。

陈家洼乡北水头龙神庙　正殿正壁明间绘龙母龙王《坐堂议事图》,中间为龙母,东侧绘 3 位龙王,西侧绘 2 位龙王与雨师,共 7 位主神像,上部两侧各绘 2 位功曹(图 27.100);明间的东下角站立 1 位判官,西下角是雨官。东次间中间供 1 位主神,主神两侧各陪 1 位随从,即有 3 位神像。西次间中间有 1 位主神,主神两侧各陪 1 位随从,随从手中持青苗。

吉家庄镇傅家庄龙神庙　依据正殿正壁壁画(图 27.101),此殿为多神共祀殿,按乡民回忆,明间供奉龙神,东次间供奉关帝,西次间供奉泰山奶奶。但各神殿之间并无隔墙间隔,而是在正壁壁画间采用深色条柱分隔。从颜色上判断,壁画为清末民国时期的作品。据守庙长者回忆,旧时庙内神像为木质而非泥像。

明间绘龙母《坐堂议事图》,中间为龙母,东侧尚存 3 位龙王,西侧尚存 1 位龙王。东次间关帝《坐堂议事图》中,正中为关帝,东为关平,西为周仓。

两侧山墙表面覆盖厚厚的白灰浆,脱落的局部及顶部露出的部分虽然面积很小,但能看出壁画所绘内容为《出宫行雨图》与《雨毕回宫图》,由此可知此殿旧时以龙神庙为主。

草沟堡乡行岭龙神庙　从色彩判断,壁画为清末民国时期的作品。正壁分为三组,明间绘龙母龙王《坐堂议事图》,正中为持笏板的龙母,两侧各立 1 位持扇侍女;东侧 3 位龙神

图 27.98　南留庄镇闯堡龙神庙正壁

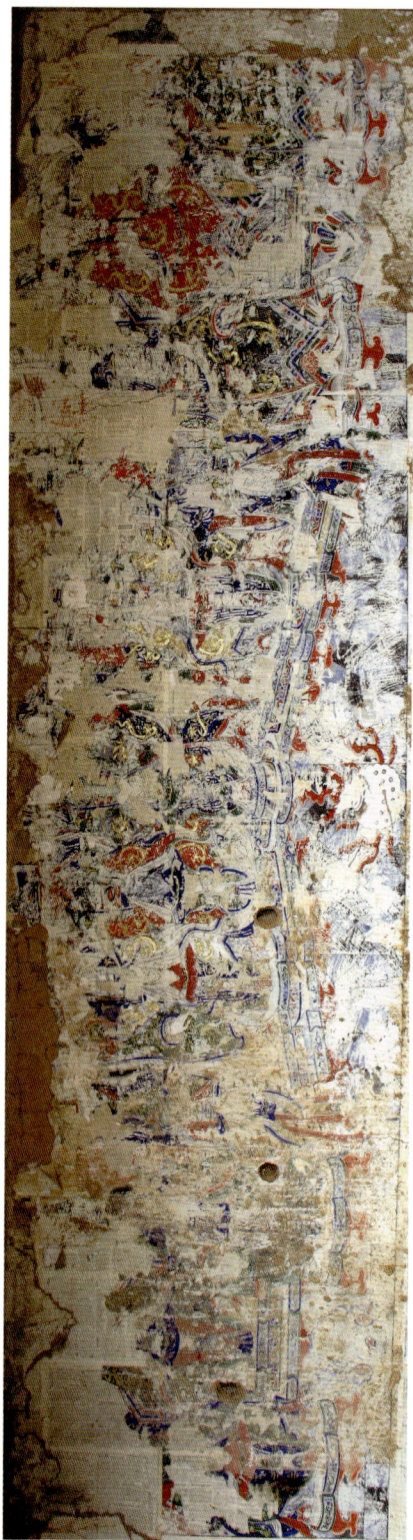

图 27.99　陈家洼乡上元皂龙神庙正壁

图 27.100 陈家洼乡北水头龙神庙正壁

图 27.101 吉家庄镇傅家庄龙神庙正壁

已毁,轮廓依稀可见;西侧2位龙王尚能分辨,雨师已漫漶;西侧上部绘有辅助之神,依次为旗官、电母、风婆、风伯、时值功曹(图27.102)。

东次间已毁。西次间残存有3位神像,正中绘一位主神,两侧可以看出各绘有一位神与随从。由于壁画损毁严重,已无法释读两次间所绘具体内容。

图27.102　草沟堡乡行岭龙神庙正壁

南岭庄乡添河涧龙神庙　正殿内明间和西次间为龙神庙,东次间为马神庙。殿内墙壁上原绘制有清代中晚期的壁画,新中国成立后将殿宇改造为学校,在墙壁表面抹约1厘米厚的草拌泥,表面刷涂白灰浆,并修建黑板,原先的壁画破坏严重,保存较差。

吉家庄镇石垛龙神庙　殿内墙壁上残存有清中后期的壁画,毁损严重,或脱落,或为白灰浆覆盖,诸神像隐约可见。正壁仅明间、东次间残存有壁画,从画面中主神的分布来看,内容划分为两个部分。东次间正中隐约有一位主神,两侧后有两位侍从,两侧还各有两位神祇,东侧顶部残存两位功曹与一位随从;由于画面不清,无法辨认供奉何神祇。明间正中有一位主神,应为龙母,东侧可辨认有两位,外侧一位较为模糊,西侧残存两位。东壁绘《出宫行雨图》,西壁绘《雨毕回宫图》,画面中只有数位人物隐约可见。

桃花镇七百户龙神庙　正壁东次间隐约可见正中与东侧2位神祇的轮廓,从神像的形象来看,东次间是由3位神组成的一组像。由此可知,正壁是3组画。除明间绘龙母龙王《坐堂议图》外,两侧次间供奉何神祇无法得知。

东壁可以看到风伯、风婆与水晶宫;西壁可以看到电母风婆与水车。壁画色彩淡雅,与蔚县其他地方的风格有所不同。

桃花镇马庄子龙神庙 正殿面阔三间,正壁贴 3 张所供神祇的纸牌位。正中为"供奉东山黑龙古佛神位","东山黑龙"便是石窑水村东黄花山龙王庙中的龙神;东侧为"供奉五龙圣母/浮润疺君神位"("疺"字无四点);西侧为"供奉雷公电母/风伯雨顺神位","雨顺"便是雨师。

正壁表面覆盖厚厚的白灰浆,壁画中的神像轮廓隐约可见。明间绘龙母龙王《坐堂议图》,可见龙母东侧的 3 位龙王。西次间中间正坐一位神祇,西侧还有一位神祇。从布局看,正壁由三组画组成,但两侧次间壁画题材难以释读。西山墙壁有《雨毕回宫图》。

代王城镇马家寨龙神庙 殿内墙壁表面涂抹有白灰浆,白灰浆局部脱落依稀可见底下的壁画。从正壁残存的壁画研判,此殿为三神祇共享一殿。东次间可辨为关帝。西次间绘有龙母龙王《坐堂议事图》,龙母居中,两侧为五龙王与雨师,人物轮廓隐约可见。明间残存的壁画的色彩与两次间明显不同,但因坍塌严重,且尚存部分漫漶,无法判定为何神。

西山墙可见《雨毕回宫图》,西墙北侧绘水晶宫,龙母与云神在宫中恭候,水晶宫台明边缘有一位头顶香炉的小鬼。小鬼头顶香炉的题材与卜北堡龙神庙壁画类似。

正殿虽为多神共祭,但龙神不在常见的明间主供位置上,而是在西次间,两侧山墙壁画却仍为龙神行雨的内容,故仍属于以龙神为主的多神共祭的庙殿,且乡民也称为龙神庙。

2. 多神共祭的山墙壁画

经田野调查统计分析,多神共祭的庙殿中,山墙壁画也有 2 种类型。

一类是将每面山墙划分为 2 个区域,东壁每一个区域绘有一位神祇的出行图,西壁每一个区域绘有一位神祇的凯旋图,两侧山墙合起来便可将两位神祇的出行与凯旋内容完整表达出来。如南留庄镇松树村龙神庙正殿山墙,上部为《众仙朝元图》,下部为龙神行雨图。

一类是在一面山墙壁画中通过上、下排列,表现同一神祇出行与凯旋的内容,如将《出宫行雨图》与《雨毕回宫图》分为两排。上排绘行雨图,下排绘回宫图。如西合营镇夏源南堡龙神庙,东壁分下上两排表现行雨与回宫,西壁分上下两排表现五道出征捉妖与凯旋的内容。

南留庄镇松树村龙神庙 正殿山墙壁画内容是两神共祭的组合。壁画皆分上、下两部分,东壁下部为《出宫行雨图》,西壁下部为《雨毕回宫图》;两侧山墙上部皆绘众仙朝元图(图 27.103)。且上、下两部分界不明显,之间没有间隔或过渡。壁画色彩鲜艳,从颜色上考察,应为民国时期的作品。

图 27.103　南留庄镇松树村龙神庙东壁

东壁下部绘《出宫行雨图》。图中左下角无水晶宫，仅绘龙母与身后持扇的侍女，龙母左侧有一只香炉，但因壁画表面覆盖白灰浆过厚，无法判断香炉是由龙母持有还是另有别的随从。龙母前方是身披红夹袄的旱魃，身体前倾即倒，双手戴手铐，向前伸出，左手持一株干涸的禾苗。旱魃前上方为龙王1，正回首下看，伸出右手摸着干涸的禾苗，通过禾苗的干涸情况决定本次行雨的雨量。画底部的民间部分已被损毁。

西部下部绘《雨毕回宫图》，右下角立有土地神与山神恭迎诸神行雨归来，土地神与山神边上置一供桌，桌上置香炉。画底部的民间部分已被损毁。

东、西山墙的上部绘有《众仙朝元图》，密密麻麻的众仙分3排站立列于其上，每排约30位左右。但由于表面覆盖白灰浆，无法释读详细内容。

西合营镇夏源南堡龙神庙　正殿内明间、西次间供关帝，东次间供龙神，二神同堂而供祀。正壁明间、西次间壁画残存，但壁画漫漶，细节难以看清，东次间壁画已毁。

东山墙壁画分为上、下两部分，虽没有明显的分界，但从构图与表达的内容上可以分开，上部绘《出宫行雨图》，下部绘《雨毕回宫图》（图27.104）。

《出宫行雨图》中一位龙王在前打头阵，紧随其后的是雷公、钉耙神；其下一排是电母、风婆、四目神、风伯。行雨阵中间为一轿，轿内未见龙母，只有牌位。轿的前后方又簇拥着龙王与雨师，2位功曹在轿顶前后守护。轿下方是水车。行雨大军后面，是飞奔的传旨官，生怕耽误了传御旨而被玉帝责备。上部的最后是水晶宫，龙母与侍女站立在水晶宫外，目睹诸神行雨。

《雨毕回宫图》中左侧是水晶宫，宫前有一下跪的官人，台明前有一位头顶香炉的小神。回归大军中，前面是飞奔的传旨宫回宫交旨，龙王排一列跟随，电母风婆闭目于水车中。后面压阵的是一位龙王回首与判官进行交流。画的右侧有一株大树，小神正将一条龙束缚于树上。

图 27.104　西合营镇夏源南堡龙神庙东壁

西山墙壁画中下部为柴禾堆所挡，无法看清全貌，从露出的部分看，与东壁相似的是，整个画面的右侧亦绘两座宫殿。上部绘《出征图》，图中宫殿为两层，上层悬挂一口钟，宫殿外是出征的大军，后面是骑马的大将，还有一位面向北侧挥剑的小将。在上下两部分、整个画面的中部绘有一洞，洞中有一男一女，该内容与五道庙中五道神出征捉妖精的场景类似，而洞龛中的一男一女便是奸夫淫妇。下部绘《凯旋图》，宫殿为单层，殿内立有一位侍童，双手叩拜，迎候凯旋大军；大军最后是小神手拉被捉住的奸夫淫妇。在蔚县，捉拿奸夫淫妇的职责，由五道神担任，因此，该殿的西次间是关帝庙，还是五道庙，尚无法确定。

（三）佛寺中的龙神殿壁画

蔚县现存佛寺中配备龙神殿者数量较少，遗留有壁画的仅见阳眷镇东洗马沟村龙门寺。

阳眷镇东洗马沟村龙门寺　地处处于蔚县、阳原县的交界处，历史上属于阳原县

（西宁县）。据寺院内经幢和石碑记载,寺院始建于金天会八年,明清时期多次重修。"四清"前后拆除。现存寺院周围用毛石垒砌层层台地,寺院由庙院和洞窟两部分组成,分为东、西两部分,东寺以天然大石窟为主。西寺自南向北随着地势逐渐增高,由佛坛、甬道、山门、过殿、东配殿、西配殿、正殿等部分组成,主要建筑依次位于一条中轴线上。东、西配殿皆为窑洞式建筑,面阔三间,殿内均隔为三间殿。东配殿中,南间为火神殿,中间为文昌阁,北间未知。西配殿中南间为龙神殿,中间为药王殿,北间为三宫殿。

龙门寺龙神殿是蔚县现存唯一的窑洞式建筑的龙神殿。殿内壁画受损严重,正壁尚可辨认各位神祇,山墙壁画仅个别神可见。正壁绘龙母龙王《坐堂议事图》,中间为龙母,两侧分列五龙王与雨师,上部为各行雨之神(图 27.105)。

图 27.105　阳眷镇东洗马沟村龙门寺龙神殿正壁

五、河神庙壁画

田野调查时,虽在多座村庄听乡民说曾修建有河神庙,但遗留至今者数量极少,尚存壁画者更为罕见,保存最好者当属南杨庄乡东北江村庄子内的河神庙。

东北江村河神庙　位于庄子南门内主街西侧,仅存正殿,坐北面南,单檐硬山顶,面阔单间,进深三架梁。殿内墙壁表面虽刷涂有白灰浆,但白灰浆多脱落,底层壁画依稀可见。

壁画内容题材与龙神庙相似,东壁为《出宫行雨图》,西壁为《雨毕回宫图》。与龙神庙不同的是,壁画中没有龙母与五龙王形象,但其他行雨各神——雷公、电母、四大功曹、四目神等齐全。

正面壁画被厚厚的白灰浆覆盖,隐约可见中间有一位神像,两侧有行雨各神,中间的主神像应为河神。

东壁绘《出宫行雨图》,由于下部有三分之一左右被杂草所遮挡,只能看到局部的内容。壁画的左侧为水晶宫,只见宫殿顶部。打头阵的是雷公、电母、判官,其下面是2位功曹;画的正中间骑马,左手挥剑,右手持瓶的,应是河神,其周边可见3位大将。殿后的是2位功曹(图27.106)。

图 27.106　南杨庄乡东北江村庄子河神庙东壁

西壁绘《雨毕回宫图》,由于下部也有三分之一左右被杂草所遮挡,只能看到局部的内容。壁画的右侧为水晶宫,众神行雨完毕后列队回宫。前上部有年值与时值功曹、判官,前下部为1位将军,河神紧随其后。河神后有2位将官,电母风婆在水车中,还有上部的月值与日值功曹,功曹后为背鼓的雷公。

殿前西侧立有光绪二十一年的《重修河神庙碑记》石碑。从碑文中得知,河神庙创修于乾隆二年,重修于道光九年,推测壁画重绘于光绪二十一年重修时。

六、山墙底部壁画

龙神庙正殿东、西山墙除绘《出宫行雨图》与《雨毕回宫图》外，在墙面下部翻滚的云层之下，还绘有反映现实人间生活的场景，场景多数是从画面的南侧一直延伸到北侧的水晶宫前。虽然所占面积不大，只有窄窄的一长条，在壁画中处于从属的地位，但却是祭祀行雨的主体。画中人物的服饰、农耕工具、乐队所演奏的乐器等物品皆是当时社会的写照，对了解当时的社会生活有很高的价值。

东壁描述的内容是一片萧条的干旱场景，乡民们面色沧桑，充满焦虑，急盼着能有一场大雨，而当雨水突然倾盆而下时，人们四处奔跑躲雨，有的躲于洞中，有的躲于大树下，有的扔掉手中的锄头等农耕工具狂奔，有的挑着担子急步而行，有的则骑着毛驴狂奔（图 27.107）。

图 27.107　杨庄窠乡小岳家山龙神庙东壁底部

西壁描述的内容是久旱逢甘霖，大地生机盎然，五谷丰收后，乡民们祭祀酬神的场景。在北端的龙神庙前，一列乐队吹吹打打，后面跟着的乡绅双手作揖、乡民肩背粮袋，最后是堆积如山的粮食。其中常常还画有风车、农作的场景（图 27.108）。

图 27.108　北水泉镇向阳站龙神庙西壁底部

第四节　龙神庙壁画构图地域分布及与周边地区比较初探

一、龙神庙壁画构图地域分布规律

虽然蔚县遗留的龙神庙壁画样本数量丰富,但能够从中辨认出完整构图的壁画较少,而且因历史上曾受到破坏,遗留的龙神庙也具随机性,故以此来分析龙神庙壁画构图类型的地域分布特点,在样本数量上尚不充分,笔者仅是通过调查资料来推测地域分布规律。

众小将用轿抬龙母牌位居画面中部之核心这类构图,集中分布在柏树乡庄寙村、西合营乡夏源村南堡、下宫村乡东庄头村、南留庄镇松树村、涌泉庄乡北方城村等村庄,上述村庄皆位于蔚县中部平原地带,境内 3 条南北主通道上。

龙母乘风辇位居画面之中部核心这类构图,见于陈家洼乡陈家洼村龙神庙、北水泉镇向阳站龙神庙、宋家庄镇南双涧龙神庙、杨庄寙乡小岳家山村龙神庙 4 座村庄,这 4 座村庄中有 3 座位于蔚县北部的壶流河两岸或山地,1 座位于南侧通向北口的古道上。

山墙壁画中不出现龙母形象的这类构图,见于南岭庄乡苟家浅村、西合营镇柳子瞳村与杨庄寙乡席家嘴龙神庙,这 3 座村庄虽处 3 个乡镇,但东西距离并不远,皆在蔚县中部北侧丘陵台地上,地貌上沟壑纵横,村庄多建在冲沟两侧的台地之上。

从以上 3 类壁画构图的地域分布来看,龙神庙壁画构图乃至粉本的分布有一定规律可循,但要真正弄清粉本的流传与分布还需要做更多的研究工作。

二、龙神庙壁画构图与周边地区比较

（一）神祇数量

龙神庙壁画中各神祇的身份、数量和组成,据山西广灵县一通清道光二十五年的《重修社台山龙神祠及各庙碑记》[1]记载:

> "社亳朝雨",广邑八景之一也。台峰蠡起,每将雨,石滑润异常,因于其上建龙神祠、文昌……以旱魃虐,昇龙神祷于山之颠。余随聚展拜,见庙貌摧颓,丹漆漫漶。洎乎甲辰,修废举坠,耳目一新。询之画工,则云:"正殿……而坐者六,则:黄、青、赤、白、黑五龙王及雨师;其两庑则:风伯、雷公、云将、风姨、电母、虹童暨天神、直符、功曹、判官。

---

〔1〕 刘祖福:《三晋石刻大全·大同市广灵县卷》,三晋出版社,2013 年,第 196 页。

凡行雨之神,无一不合祀之……雨图:圣母立水晶宫,天神驾云前导,测雨所至,直符乘马,五龙王骑五色神龙,雨师、风伯、风姨,咸驾灵兽,雷公、电母、云将、虹童,皆乘云御风,而……各展技能,以行云施雨于被泽之方。西壁绘《雨毕回宫图》:五龙王易龙乘马,执缚旱魃之神及雨师、风伯揽辔而回;风姨、电母同车回轮;雷公师□□□□□,虹童出虹,与诸天神仍乘云御风以归;圣母据案南向立。此世宗宪皇帝以龙神、风伯已特建庙,而云师、雷师亦令建祠故。云朔编氓,村邬祀之也。"余息气以听,凝神以观,觉神采飞动,咸凛□□□□□□□□书,则称出自道、佛藏经。然细绎《经》《史》《子》《集》,遐稽《山海》《楚辞》《繁露》《文选》《搜神》《述异》古今诗赋。诸书所载:大海龙宫,波神出没,御马骑□□□□□□□,玉女披衣,雨神滴水,风伯飞车,力士引鼓,童女施鞭,丰隆轩其震霆,列缺闪其照夜者,即所称旱魃为虐。若望云霓,云行雨施,雷霆□□□□□成立,风顺时而行,雨应风而下,九天之云下垂,四海之水皆立也,又何疑其神怪也哉!至新入"文昌""倒座观音""伏魔大帝"宫,皆□□□□□备具。盖虔奉祷祀,神之福人,方未艾云。余记其事如右,所捐银数及董斯役者,皆列于碑阴。

地理上广灵县与蔚县比邻,明代时两地均属山西大同府,当时蔚县作蔚州,下辖广灵县。清初沿用明制,雍正七年,蔚州改属直隶宣化府,广灵县改属山西大同府。从田野调查统计出的壁画中的诸神祇,与广灵《重修社台山龙神祠及各庙碑记》中提到的龙神庙壁画中的神祇,由于两地历史文化传承相似,使得两地龙神庙所供奉的神祇亦大致相同。

而相比于同属宣化府的延庆州(今北京市延庆区)龙神庙内壁画,虽包含的行雨诸神大致相同,但延庆地区遗留的9座龙神庙壁画中却分别出现了财神、火神、二郎神、药王、明王等神祇,由于蔚县遗留的多神共祭(正壁壁画分为3组)主题的壁画破坏严重,这几类神祇目前在蔚县龙神庙壁画中还未得到确认,但蔚县多神共祭龙神庙中,包含了关帝、三官、马神、泰山等同奉于一堂的现象。

还有一些神祇也是蔚县龙神庙壁画中所特有的,如持鸟的商羊、青苗神等,其他地区未见。另外,蔚县龙神庙《雨毕回宫图》的北上角伸出玉帝的一只大手,这在延庆地区龙神庙壁画中并未出现。说明以上几种神祇,尤其是玉帝之手,可能是蔚县龙神庙壁画的一个特色。

(二) 壁画构图

蔚县龙神庙正壁壁画有条屏式构图,此构图类型亦出现在北京市延庆区,学人范学新认为,条屏式壁画出现在清末民国时期,一些文人画家开始参与寺观壁画的绘制,是人文画与宗教画相融合的结果[1]。调查中,我们发现在蔚县草沟堡乡樊庄子龙神庙正壁西

[1] 北京市文物局图书资料中心、延庆县文化委员会:《北京延庆古代寺观壁画调查与研究》,北京燕山出版社,2012年,第122页。

侧屏风上有"宣统庚戌桂月修"题记、草沟堡乡板厂下庄龙神庙判官手中雨簿上有"中华民国十二年"题记,亦印证了这一观点。

蔚县龙神庙山墙壁画构图按龙母所在位置的不同,即龙母有立于水晶宫内的,有乘轿随行的,有在行雨大军中不出现龙母的,这在周边地区的龙神庙中尚未发现。如山西广灵《重修社台山龙神祠及各庙碑记》[1]所载,壁画中"圣母据案南向立",龙母位于画面北侧的水晶宫中;北京延庆地区遗留的9座龙神庙壁画中,龙母皆立于水晶宫中[2];山西大同浑源县神溪村律吕神祠正殿壁画中,龙母亦立于水晶宫中。上述地区的龙神庙山墙壁画构图皆是以龙母立于水晶宫中为主体,目前周边地区尚未发现其他构图形式。

三、壁画中的几个细节

柏树乡庄窠村龙神庙,依据正脊遗留的题记,壁画可能为康熙十八年重修时所绘,这也是蔚县遗留的龙神庙中时代最早的纪年壁画。壁画保存较好,故可供研究的信息也更多,对研究蔚县龙神庙壁画变迁有重要的意义。经观察分析,此堂壁画具备除上述所提到各特点外,还有以下几点值得重视:

其一,正壁壁画中五龙王与雨师所着袍子上的饰纹有明显的寓意。龙王所着龙袍上绘的是腾飞的龙,而这些龙在降雨图中即是龙王的坐骑,身着的战袍图饰已变为祥云;至回宫图中,坐骑变为战马,龙已被铁链锁于苍树之上。雨师所着之袍,饰有八卦,这个图案在三个场合下皆没有变化;降雨时雨师坐骑为瑞兽,回宫时坐骑变为战马。

其二,龙王与雨师身后所立的侍从,在正壁壁画中是手持法器,而在降雨图中,侍从仍随从主神之后,但其法器已成为龙王与雨师降雨的器具。也就是说,在这三幅图中,不仅仅是人物的一一对应,而且人物之间的关系,所持的物品等也是一一对应的。

其三,正中的轿中,龙母并没有随轿出行,轿中所抬的是殿内的牌位。在蔚县祭祀龙神活动时,是不会将殿中的神像抬出殿外游神,有的是将小木像抬出游神,有的是将牌位抬出,而壁画所绘正是将牌位抬出,随军督促降雨。从壁画中也印证了蔚县祭神行雨的一个特点,行雨时,村民不会将龙母或龙神的神像抬出殿堂。

其四,在山墙所绘降雨诸神中,没有出现青苗神夫妇,而青苗神夫妇被绘到了西槛墙上。我们推测,青苗神与降雨行动并没有太大的关系,而是百姓祈祷丰收之神,所以这些神在时代较早的龙神庙壁画中可能根本就不存在,而是到后期才逐渐出现的。

其五,东西山墙壁画中出现众多鱼、虾与龟等形象的小将,他们的出现与龙王的身份

---

[1] 刘祖福:《三晋石刻大全》,三晋出版社,2013年,第196页。
[2] 北京市文物局图书资料中心、延庆县文化委员会:《北京延庆古代寺观壁画调查与研究》,北京燕山出版社,2012年。

相符,也与民间传说水晶宫的虾兵蟹将是一致的。壁画中出现大量鱼虾贝蟹小将形象的案例,还见于草沟堡乡苇子坑村龙神庙壁画中(图 27.109),在东壁下部的云层中,绘有螺、蛳、龟、鱼、蟹、虾、贝等小将形象。此外,还见于草沟堡乡行岭村龙神庙。上述几座村庄都在蔚县大南山的松枝口峪的一条古道上,其分布的地域特征值得我们关注。在壁画时代上,柏树乡庄窠龙神庙壁画(图 27.110)应绘于康熙十八年;草沟堡乡行岭村龙神庙有乾隆四年的《重修龙神庙碑记》;草沟堡乡苇子坑村龙神庙有道光十年重修龙神庙的碑记。因此,这 3 座庙有可能在清早中期修建或重绘壁画,相互影响的可能性较大。

图 27.109　草沟堡乡苇子坑龙神庙东壁·鱼虾贝蟹

图 27.110　柏树乡庄窠龙神庙东壁·虾贝

四、壁画中龙神的功能

蔚县传统龙神信仰中,龙神只具备行雨这一功能,并未承担其他职能。但草沟堡乡苇子坑村龙神庙是个特例。正殿壁画为清末民国时期的作品。虽然东墙壁画仅存南侧三分之一的画面(图 27.111),主体皆为行雨之神,与其他龙神庙无大区别,但其中绘有龙神捉拿柳树精这个场景(图 27.112)。这是蔚县其他龙神庙中所未见的,也是龙神庙功能有所变化的一个孤例。

在蔚县寺庙中,捉拿柳树精的职责主要由五道神承担,因此这一场景常绘于五道庙壁画中。由其他神祇担任捉拿柳树精这一职责的,常见于陕西榆林地区,此外还有北京延庆区花盆关帝庙西山墙壁画下部《雨毕回宫图》中出现有捉拿柳树精的场景[1]。我们分析,因为这些地区少建五道庙,所以捉拿柳树精的任务就由其他各神来承担,如龙神、城隍、关帝等,因此在这些地区的龙神庙、城隍庙、关帝庙等壁画中绘有捉拿的柳树精或奸夫淫妇的场景。而在苇子坑龙神庙中出现,或许因山中未建五道庙,于是乡民便把这一任务交由龙神,或是山中信仰受其他地区的影响所致。抑或是壁画的绘制者为外来画工,使用异地的粉本而作。

图 27.111　草沟堡乡苇子坑龙神庙东壁

---

[1]　北京市文物局图书资料中心、延庆县文化委员会:《北京延庆古代寺观壁画调查与研究》,北京燕山出版社,2012 年,第 71 页。

图 27.112　草沟堡乡苇子坑龙神庙东壁·捉拿柳树精

　　此类题材壁画在涌泉庄乡土均庄龙神庙中新绘的西壁壁画中也存在，说明新建的龙神庙壁画受到外来的影响逐渐增大。

第二十八章　观音殿壁画调查与研究

"千处祈求千处应,苦海常作渡人舟"。具有无量智慧和神通、大慈大悲、普救人间疾苦的观音,是最为普及的民间信仰之一,在蔚县自然也是极受乡民敬重的神祇,在大多数的村庄与城堡中,皆建有观音殿。但在蔚县境内所供奉观音的建筑殿堂,鲜有称为观音庙者,多称为"观音殿",本文也称为观音殿。

第一节　观音殿基本情况

观音信仰的普及,使得观音殿几乎遍布蔚县每一座村庄,而多数观音殿已无法分清是道还是佛,观音信仰已融入了百姓的日常生活中。据田野调查,观音殿遗留有121座。其中,遗留有壁画的37座,旧构或旧址重建后重绘壁画的有37座,旧构遗留或遗址尚存的有47座。

在选址位置和朝向方面,观音殿多选址在村中交通便利之处,以便于村民烧香念经、求子拜福。相较于真武庙、龙神庙,观音殿鲜有独立营建者,多与关帝庙、三官庙或龙神庙共享一座殿堂,中间采用隔墙分隔为南、北两殿。观音殿面北,即呈倒座式是极为普遍的现象,少数开设于东门的城堡,因观音殿受其他庙殿的限制而坐东面西。但无论面北还是面西,观音殿皆处于倒座这一主流制式,故常称为"倒座观音"。除几座新建的观音殿外,仅存二座坐北面南的正座观音殿,即柏树乡庄窠观音殿、代王城镇代王城东堡观音殿。

关于观音"倒座"的原因,南留庄镇史家堡村观音殿贴有一副楹联,上联"问观音因何倒座",下联"因世人不肯回头"。在广东南海县大士庙也有一副楹联与此相似,"敢问大士缘何倒座?恨凡夫不肯回头"。或许这些楹联就是对观音殿倒座最为贴切的解释,大慈大悲的观音菩萨为了让众人早日脱离苦海,拯救那些"不撞南墙不死心"的苦难之人,因而坐南面北劝阻众人回头。

在建筑形制方面,面北倒座的观音殿,建筑形制以硬山顶、面阔单间者居多,少数面阔三间。由于与其他神共享一座建筑,观音殿进深很少能占到整座建筑的一半,一般占有一椽或二椽。少数观音殿是在南侧庙殿的北墙外接出一座小抱厦建筑。只有极少数独立营建的观音殿,以庙院的形制独立建造,院内正殿坐南面北,甚至对面还有倒座的戏楼。如柏树乡庄窠村观音殿,对面50米处即为倒座的穿心戏楼。

在建筑年代方面,遗留有纪年的观音殿较少,经过对田野调查发现的石碑、匾与题字进行整理,目前有以下几处观音殿遗留有纪年,但仅从这些纪年还很难判定壁画绘制的时间(表28.1)。

表28.1　观音殿石碑、壁画、题记时间一览表

位　　置	载体形式	年　　代
涌泉庄乡任家涧观音殿	东壁北侧第2幅壁画下部题记	光绪八年冬月记□
柏树乡庄窠观音殿	正殿正脊檩题记	雍正六年创建 民国四年重修
草沟堡乡南骆驼庵四神庙观音殿	北殿门上部题壁	民国二年八月十七日
下宫村乡东庄头观音殿	前廊内东侧《重修观音殿工程告竣碑记》石碑	民国七年
西合营镇司家洼观音殿	东壁壁画南侧边缘题记 东壁最下排北端一幅画的左上角榜题	康熙三十七年五月吉日立 大清戊寅年
下宫村乡苏贾堡观音殿	正脊顶琉璃花脊 三官庙东侧前窗下《重修各庙碣》石碑	嘉靖三十六年造 道光六年
吉家庄镇东贤孝观音殿	《重修观音殿碑》石碑	同治八年

第二节　观音殿壁画中神祇的研究

据田野调查分析,遗留的观音殿壁画在内容与表现形式上较为单一。正壁以《观音坐堂说法图》为主,两侧山墙以《观世音菩萨普门品》中的"救八难"与十八罗汉题材为主。《观音坐堂说法图》中主要的神祇有观音、善财童子、龙女、武财神、文财神、伽蓝护法、韦驮护法等。观音"救八难"题材中的主神也是以观音为主,表现观音救人于八种苦难的情景,但其他几位神祇有时也会出现。十八罗汉题材主要描绘十八罗汉分列于两侧听法的场景,其中的十八罗汉形象怪异,动感极强。

一、观音

观音旧称观世音菩萨,因唐代避唐太宗李世民之讳,省去"世"字,而称观音菩萨(本文

简称为观音)。我国最早有关观音信仰之译经,始于三国吴五凤二年(255),支疆梁接译《法华三昧经》六卷(已佚);西晋竺法护亦于太康七年(286)译《正法华经光世音普门品》;鸠摩罗什于姚秦弘始八年(406)译出《妙法莲华经观世音菩萨普门品》;隋代仁寿元年(601),阇那崛多、达摩笈多共译《添品法华经普门品》之偈颂。唐代韩愈有道"家家阿弥陀,户户观世音",有唐一代观音信仰已逐渐普及。随着广说观音功德之法华经信仰的普及,观音信仰亦逐渐深入民间。

元代以后,佛教中的密宗教义被道教吸收,所以观音信仰又渗入道教中,以至现在的道观除供奉自己的主神外,也供奉观音菩萨。

观音殿的正壁以观音为核心,绘制《观音坐堂说法图》,表现的是观音说法,普度众生。正中观音端坐于莲花座上,顶有项光,手指纤细,左脚或右脚赤足踩于莲花上,身披袈裟,右手向上,为众生说法。身后两侧分别为龙女、善财童子,两侧分别为武财神与文财神,其两侧上方分别为伽蓝护法与韦驮护法。据调查,观音殿正壁遗留有观音像者只有11座,其中保存最为完整、色彩鲜艳的有涌泉庄乡任家涧观音殿(图28.1)、杨庄寨乡北庄头观音殿(图28.2)、南杨庄乡东大云疃南庄观音殿等。另外,宋家庄镇辛落塔观音殿、下宫村乡东庄头观音殿等由于受到现代重修或表面涂保护层影响已失去了原有的风韵。

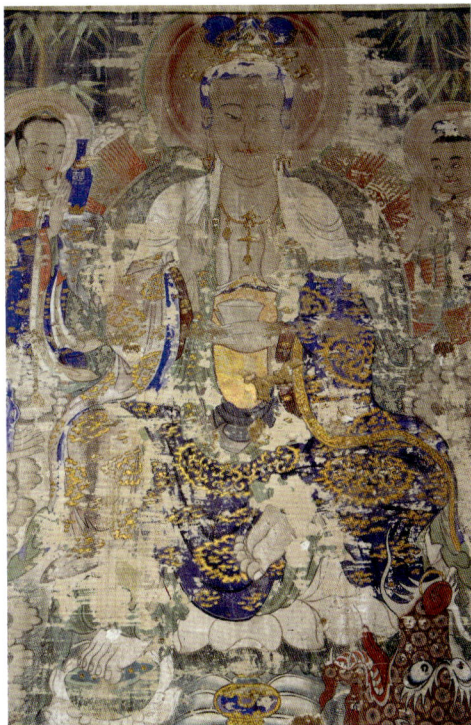

图 28.1　涌泉庄乡任家涧观音殿正壁·观音

图 28.2　杨庄寨乡北庄头观音殿正壁·观音

二、善财童子与龙女

善财童子，是文殊菩萨曾住过的福城中长者五百童子之一。他出生时各种珍宝自然涌现，因而相师为他取名善财。善财善根深厚，初受文殊的教导，便发大乘心，遍历各地，参访五十三位善知识（名师），最后遇到普贤菩萨，得于功成圆满。观音菩萨是他参访的第三十七位知识，观音菩萨让他在身边休息，对他十分关心。善财参悟佛法后，便回到观音菩萨旁，协助观音菩萨教化众生。

龙女，传说是"二十诸天"中第十九天之婆竭罗龙王的女儿，自幼聪明伶俐，8岁时偶听文殊菩萨在龙宫说《法华经》，豁然觉悟，遂去灵鹫山礼拜佛祖。

善财与龙女定型为观音左右二侍者似在五代宋初，四川大足石刻保存了较多五代与宋的造像。五代观音像的左侍多为吉祥天女，右侍多为波斯仙，而只有佛湾218窟中善财、龙女作为了观音侍者。由此可见，五代时期观音的侍者或为波斯仙、吉祥天女或为善财与龙女，而以吉祥天女、波斯仙为常见，善财、龙女为变式。而至宋代，窟中之观音的侍者已皆演变为善财与龙女，几无例外。

蔚县观音殿正壁《观音坐堂说法图》中，观音两侧后的二位侍者必然是善财童子与龙女，其中善财童子位居观音的左侧，龙女位居观音的右侧。据田野调查，蔚县观音殿正壁中遗留有善财童子者有8处，即蔚州镇李堡子六神庙观音殿、涌泉庄乡任家涧观音殿、涌泉庄乡独树观音殿、宋家庄镇辛落塔观音殿、杨庄窠乡嘴子观音殿、杨庄窠乡北庄头观音殿、南岭庄乡赵家窑观音殿与南留庄镇滑嘴送子观音殿；遗留有龙女的有7处，即蔚州镇李堡子六神庙观音殿、涌泉庄乡任家涧观音殿、涌泉庄乡独树观音殿、宋家庄镇辛落塔观音殿、杨庄窠乡嘴子观音殿、杨庄窠乡北庄头观音殿与杨庄乡东大云瞳南庄观音殿。

《观音坐堂说法图》中，善财童子呈现儿童形象，头顶盘发髻，双手合十，恭敬礼拜。龙女呈现少女形象，身披袈裟，双手端盘，盘中有珊瑚状的物品，只有涌泉庄乡任家涧观音殿正壁中的龙女手中托着一只花瓶（图28.3）。从构图来看，为了突出观音的高大，善财童子与龙女一般在观音肩部两侧，不及观音的上半身之高。

三、伽蓝护法与韦驮护法

伽蓝护法，即为关公。相传隋代天台宗的创始者智者大师，有一次曾在荆州的玉泉山入定，于梦定中听见关羽在空中高喊"还我头来！还我头来！"智者大师于是反问："你过五关斩六将，杀了那么多人，他们的头谁来还呢？"并为其讲说佛法。关羽当下心生惭愧，而向智者大师求受戒。从此以后，关羽成了佛教护法神伽蓝，是被儒释道三教共同承认的护法神。

图 28.3 涌泉庄乡任家涧观音殿正壁·善财童子与龙女

韦驮护法,原是印度婆罗门教的天神,后来被佛教吸收为护法诸天之一,是佛教中护法金刚力士的代表。相传释迦牟尼涅槃时,诸天和众王把佛陀火化后的舍利子分割,正准备回天堂,一个捷疾鬼浑水摸鱼,偷走一对佛牙舍利,韦驮奋起直追,刹那间将捷疾鬼抓获,夺回了佛舍利。诸天和众王纷纷夸奖韦驮护佛得力,于是韦驮被人们称为护法菩萨。如今凡有规模的寺庙大多供韦驮菩萨像,但韦驮菩萨何时成为观音的护法神,又为何与伽蓝护法共同护卫观音,未见资料记载或研究。

蔚县观音殿正壁的《观音坐堂说法图》中,伽蓝护法位居观音的右侧,韦驮护法位居观音的左侧。伽蓝护法常常穿圆领宽大之深绿袍,胸前加挂一盔甲,展现出华丽之气。除了腹前和膝部有飞龙纹外,还有散布袍身的云纹,及袖边、衣摆的花瓣纹,以红和橙色装饰,加有一层外袍。伽蓝脚穿用简单线条点缀的黑鞋或红鞋,脚尖略向上点,手持青龙偃月刀。韦驮护法粉面无须、身着甲胄、肩背飞带、手执金刚杵。

据田野调查,在观音殿正壁壁画中,遗留有伽蓝护法的有 9 处,即蔚州镇南张庄观音殿、涌泉庄乡任家涧观音殿、杨庄窠乡嘴子观音殿、杨庄窠乡北庄头观音殿、南岭庄乡赵家窑观音殿(图 28.4)、下宫村乡东庄头观音殿、南留庄镇滑嘴送子观音殿、南杨庄乡东大云瞳南庄观音殿与南留庄镇垆串堡观音殿。遗留有韦驮护法的也有 9 处,即蔚州镇南张庄

观音殿、涌泉庄乡任家涧观音殿、杨庄窠乡北庄头观音殿、南岭庄乡赵家窑观音殿（图
28.5）、下宫村乡东庄头观音殿、宋家庄镇辛落塔观音殿、杨庄窠乡嘴子观音殿、南杨庄乡
东大云疃南庄观音殿与南留庄镇滑嘴送子观音殿。

图 28.4　南岭庄乡赵家窑观音殿正壁·伽蓝护法　　图 28.5　南岭庄乡赵家窑观音殿正壁·韦驮护法

　　多数观音殿正壁中伽蓝护法与韦驮护法皆立于观音两侧，身材魁梧、高大。但有 3 座观
音殿中，即南杨庄乡东大云疃南庄观音殿、宋家庄镇辛落塔观音殿与南留庄镇滑嘴送子观音
殿（图 28.6），两位护法分别位居《观音坐堂说法图》的两侧上角，身体前倾，拱卫着观音。

　　另外，涌泉庄乡涧北村观音殿与北水泉镇大石头梁村观音殿，虽壁画表面涂刷一层厚
厚的白灰浆，但仍可以辨认出原画中两位护法也是分别位居《观音坐堂说法图》的两侧上
角。还有 2 处是下宫村乡东庄头观音殿与杨庄窠乡嘴子观音殿，由于正壁绘《五菩萨坐堂
说法图》，为了平衡五菩萨平起平坐的地位，两位护法分别位居文殊菩萨与普贤菩萨的侧
后上角。

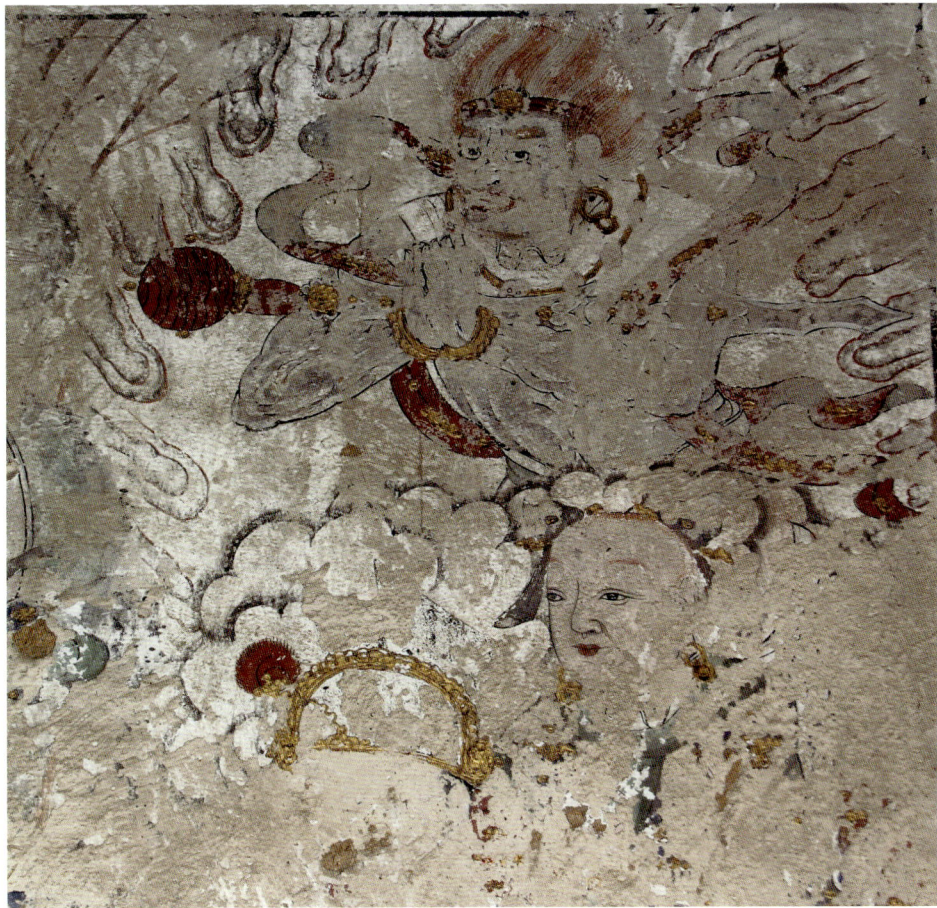

图 28.6 南留庄镇滑嘴送子观音殿·韦驮护法

四、武财神与文财神

在蔚县观音殿正壁的《观音坐堂说法图》中，还有两位重要的神祇——武财神与文财神，他们与观音一样都处于主神的地位，分别坐于观音的右侧与左侧（图 28.7、8）。在蔚县观音殿正壁壁画中，遗留有武财神与文财神的各有 13 座。在《观音坐堂说法图》中只有南岭庄乡赵家窑观音殿的正壁未见两位财神。另外，在表现《五菩萨坐堂说法图》的杨庄窠乡嘴子观音殿与下宫村乡东庄头观音殿中也没有出现两位财神。

武财神与文财神的传说将在财神庙章节中进行介绍，此处的武财神显然是关公，文财神究竟是哪一位，以及何时武财神与文财神与观音坐于一堂，还需进一步研究。或许信徒们认为，观音救百姓于苦难，送福于苦难，也需要得力的助手，于是便把赐福、赐财的财神与观音一同祭拜了。

图 28.7 　南杨庄乡东大云疃南庄观音殿正壁·武财神　图 28.8 　南杨庄乡东大云疃南庄观音殿正壁·文财神

第三节　观音殿壁画构图

　　上文对观音殿正壁壁画中主要神祇的形象进行了介绍。这些神祇是正壁《观音坐堂说法图》的主体。观音殿两侧山墙壁画主要表现的是观音"救八难"和十八罗汉题材。虽然蔚县观音殿壁画是这些神祇与经变图的组合，但由于历史传承、地域差异等原因，壁画中神祇数量、组合形式等构图也呈现出不同的表现形式，即使同一表现形式也存在多种粉本上的区别。

一、正壁壁画

　　正壁即殿内后墙，核心是《观音坐堂说法图》，表现的是观音说法，普度众生，周边有善财童子、龙女、伽蓝护法、韦驮护法、武财神、文财神以及武将等簇拥相伴。目前，蔚县遗留的《观音坐堂说法图》有 3 类：《观音坐堂说法图》《三大士坐堂说法图》与《五菩萨坐堂说法图》。

（一）《观音坐堂说法图》

这种类型较为普遍，据田野调查，蔚县观音殿正壁遗留有《观音坐堂说法》的有14座。壁画中，观音端坐于正中，其侧后方为2位侍者，东侧为龙女，西侧为善财童子；观音两侧各拥坐有一位财神，东侧为武财神，西侧为文财神；有时在两位财神外侧，各立一位持刀的武将，推测武财神外侧的武将为周仓，文财神外侧武神仍需进一步研判。在《说法图》的外侧或两侧上角，是伽蓝与韦驮两大护法。部分观音殿的正壁还划分为两部分，下部为《观音坐堂说法图》，上部绘三位菩萨，如蔚州镇南张庄观音殿与涌泉庄乡任家涧观音殿。《观音坐堂说法图》依殿堂的面阔还可分为三间式与单间式。

1. 三间式

在面阔三间的观音殿内，正壁的空间面积较大，为将三间墙壁充分利用，此类《观音坐堂说法图》中，明间绘有观音、善财童子、龙女、护法神等，两侧次间分别绘有文财神与武财神以及两位武将。画面幅面宽大，各神祇布局合理。遗留有此类题材的观音殿有涌泉庄乡任家涧观音殿、蔚州镇南张庄观音殿、涌泉庄乡独树观音殿（图28.9）、宋家庄镇辛落塔观音殿（图28.10）等。

涌泉庄乡独树村观音殿、宋家庄镇辛落塔村观音殿　为三间式观音殿《观音坐堂说法图》构图的典型代表。从颜色上看，壁画皆为清末民国时期作品，其中宋家庄镇辛落塔观音殿中的观音像在后期重绘。

图28.9　涌泉庄乡独树观音殿正壁明间

图 28.10　宋家庄镇辛落塔观音殿正壁明间

2. 单间式

受正壁空间面积狭窄的影响，《观音坐堂说法图》在布局上没有三间式松紧有度，与单间式的真武庙、关帝庙、龙神庙的正壁类似，位居中间的观音形象高大，占据三分之一的画面，两侧的善财童子、龙女与武财神、文财神依次降低，处于随从地位。此类题材的壁画只有南杨庄乡东大云疃南庄观音殿、蔚州镇李堡子六神庙观音殿正壁保存尚好，其他几处皆曾覆盖白灰浆或受泥水侵蚀，画面漫漶。由于空间狭窄，其中有 3 座观音殿，即南杨庄乡东大云疃南庄观音殿、宋家庄镇辛落塔观音殿与南留庄镇滑嘴送子观音殿，伽蓝护法与韦驮护法分别位居《观音坐堂说法图》的两侧上角，似飞天飘浮在空中。

南杨庄乡东大云疃村南庄观音殿　位于南庄东门内南侧，观音殿和三官庙背靠背。院内东侧立有 1 通《重修三官庙观音殿碑记》石碑，但落款部分已漫漶。观音殿位于三官庙后墙，单独接出一间的后厦，坐南面北，面阔单间，半坡顶，进深二椽。正壁《观音坐堂说法图》是同类题材中保存最好的。从风格上来看，其为清中晚期所绘（图 28.11）。

《观音坐堂说法图》，正中绘有观音，端坐于莲花座上，左脚赤足踩于莲花上，身后为右为龙女，左为善财童子。观音两侧，东侧为武财神，武财神身边立持大刀的武将，其上方为伽蓝护法；西侧为文财神，脚前有一只犬，身后立有一位武将，其上方为韦驮护法。

蔚州镇李堡子村六神庙观音殿　位于六神庙正殿的北侧，正壁《观音坐堂说法图》前新塑观音塑像。《观音坐堂说法图》与南杨庄乡东大云疃南庄观音殿的基本相似，其中东侧的武财神后立有一位手持箭囊的随从，此随从的形象在其他观音庙中未曾出现过（图 28.12、13）。

图 28.11 南杨庄乡东大云瞳南庄观音殿正壁

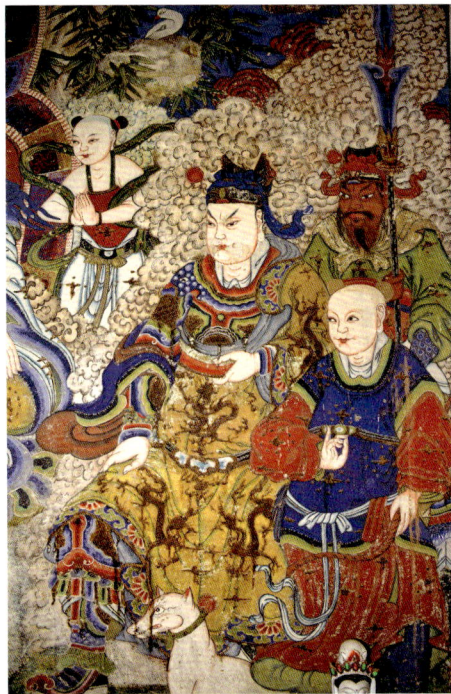

图 28.12 蔚州镇李堡子六神庙观音殿正壁东侧　图 28.13 蔚州镇李堡子六神庙观音殿正壁西侧

同类题材的还有宋家庄镇南方城观音殿(图 28.14)、宋家庄镇井沟观音殿(图 28.15)、杨庄窠乡小辛留观音殿(图 28.16)、南留庄镇滑嘴送子观音殿(图 28.17)等,但壁画皆受损严重。

图 28.14　宋家庄镇南方城观音殿正壁

图 28.15　宋家庄镇井沟观音殿正壁

图 28.16　杨庄窠乡小辛留观音殿正壁

图 28.17　南留庄镇滑嘴送子观音殿正壁

在单开间的《观音坐堂说法图》这类题材中,南岭庄乡赵家窑观音殿较为特殊(图 28.18)。观音殿位于村南的台地上,正对堡门,面阔单间,硬山顶,进深五架梁出前檐廊,殿内采用隔墙分为南北两殿,面南为龙神庙,面北为观音殿。观音殿殿内壁画为清中晚期的作品,壁画表面多为泥土、白灰浆所覆盖,保存较差。正壁绘《观音坐堂说法图》,正中为观音,两侧上部为善财童子与龙女;东侧为伽蓝护法,西侧为韦驮护法。

该《观音坐堂说法图》虽然也为单间式,但构图布局、绘画手法与前述不同,不仅缺少文财神与武财神,还将善财童子与龙女挤到了观音的两侧肩处,而两侧护法形象高大。可以说这是一个完全不同的粉本。

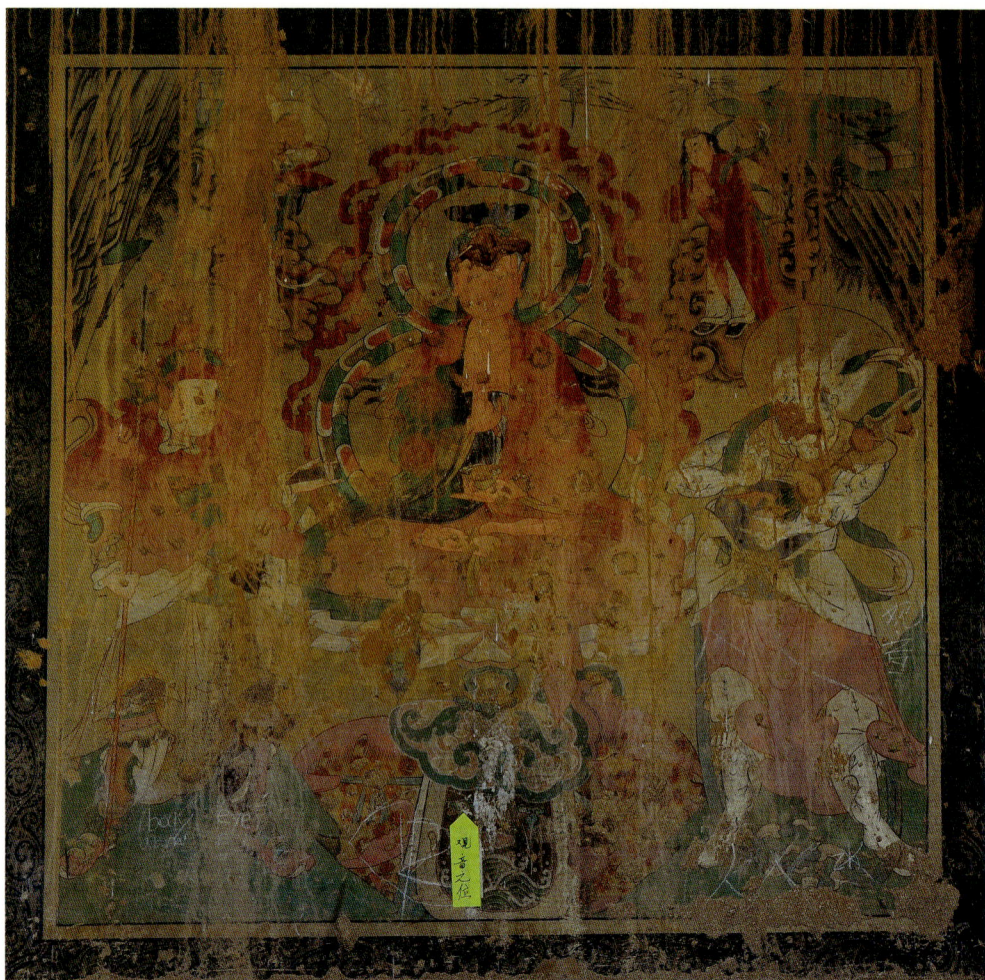

图 28.18　南岭庄乡赵家窑观音殿正壁

正壁的《观音坐堂说法图》,还有一种粉本,即正壁壁画分为上、下两部分,下部为《观音坐堂说法图》,上部为三位菩萨。如涌泉庄乡任家涧观音殿、蔚州镇南张庄观音殿、草沟堡乡南骆驼庵四神庙观音殿。

涌泉庄乡任家涧村观音殿 正殿面阔三间,殿内壁画尚存,是三开间观音殿的特例。壁画分为上、下两部分。上部三间通长式条幅,明间绘有 3 位结伽跌坐说法的菩萨,两侧次间各绘 1 位结伽跌坐说法的菩萨(图 28.19、20)。

图 28.19 涌泉庄乡任家涧观音殿正壁上部

下部为《观音坐堂说法图》,图中布满了祥云,周边是嫩绿的竹叶,还有飞鸟飞翔于其间。壁画色彩尚艳,各神袈裟、战袍之上的沥粉贴金保存较好。明间观音袈裟上的沥粉贴金为祥云,西次间文财神袈裟上的沥粉贴金为腾龙,东次间武财神因画面损毁较重无法看清袈裟的沥粉贴金。图中西次间的文财神脚前蹲有一只天犬,仰天长啸,这只犬代表何意,需要进一步研究。

图 28.20 涌泉庄乡任家涧观音殿正壁明间

蔚州镇南张庄村观音殿　整座寺庙于2008年由村民筹资维修。观音殿面阔单间，殿内新塑三尊像，正壁壁画多被塑像所遮。壁画保存一般。

正壁壁画分为上、下两个部分。上部绘有三位结伽趺坐的女性菩萨；下部为《观音坐堂说法图》（图28.21）。

图28.21　蔚州镇南张庄观音殿正壁明间上部

草沟堡乡南骆驼庵村四神庙观音殿　位于四神庙正殿北侧，坐南面北，面阔单间，进深一椽，明间辟券形门。殿内壁画保存一般，为清末民国时期的作品。正壁分为两个部分，但因空间有限，两部分相互有交叉。上部绘有观音、普贤、文殊三大士；下部绘《观音坐堂说法图》，但毁坏较严重，可以看出中间为观音，两侧为善财童子与龙女，两边立着伽蓝与韦驮护法神（图28.22）。

（二）《三大士坐堂说法图》

《三大士坐堂说法图》与《观音坐堂说法图》总体构图相似，正中绘有观音、文殊与普贤三大士，菩萨左右或两侧分别有侍者、财神、武将、护法等。遗留此类题材的观音殿有杨庄窠乡北庄头观音殿、南留庄镇埚串堡观音殿。另外，宋庄家镇上苏庄村观音殿、西合营镇司家洼村观音殿正壁皆绘有《三大士坐堂说法图》，但因殿内山墙绘有《善财童子五十三参图》，故将在《善财童子五十三参图》一节中描述；北水泉镇杨庄极乐寺圆通殿也绘有《三大士坐堂说法图》，将在佛寺圆通殿中《三十二应说法图》一节中描述。

杨庄窠乡北庄头村观音殿　位于庙群建筑的北侧，正殿坐南面北，坐二破三，硬山顶，进深二椽。殿被后世所改造，窗户封死，仅存中间殿门。北墙西侧墙体和顶部坍塌，西墙坍塌，壁画已毁，殿内有很多垃圾和积土，顶部脊檩上有彩绘《八卦图》。正壁明间绘《三大

图 28.22 草沟堡乡南骆驼庵四神庙观音殿正壁局部

士坐堂说法图》,正中为观音菩萨,两侧普贤菩萨与文殊菩萨,观音身后侧为善财童子与龙女(图 28.23)。东次间正中为武财神,前为护法伽蓝,后为持刀周仓。西次间正中为文财神,前为护法韦驮,外侧已毁。从色彩上判断,壁画应是清末民初时所绘。

图 28.23 杨庄窠乡北庄头观音殿正壁

南留庄镇坞串堡村观音殿　位于堡东门外,整体坐东面西,正对堡门。正殿面阔三间,硬山顶,进深五架梁,出前檐廊。梁架上的彩绘多已剥落。殿内墙壁抹过白灰浆,壁画漫漶。壁画为清末民国时期的作品。

正面所绘三尊神像皆坐于莲花座上,身后有背光,从构图来看,应是《三大士坐堂说法图》,正中为观音,北侧为普贤,南侧为文殊。观音两侧后方分别为龙女与善财童子,普贤北后侧为伽蓝护法,文殊南后侧为韦驮护法。三尊菩萨的外侧各为武财神与持刀周仓、文财神与武将(图28.24)。

图 28.24　南留庄镇坞串堡观音殿正壁

(三)《五菩萨坐堂说法图》

《五菩萨坐堂说法图》是从《三大士坐堂说法图》延伸而来的,正中仍是普贤、观音、文殊三大士,两侧再加入千手千眼观音、地藏,形成五菩萨坐堂说法。如杨庄窠乡嘴子观音殿、下宫村乡东庄头观音殿。

杨庄窠乡嘴子村观音殿　清代建筑,位于村中心广场北侧,旧时曾为一座庙院,开南门,院中原有钟、鼓两亭,今皆无存,仅存正殿,部分屋顶及墙体为重新修建。正殿面阔三间,硬山顶,进深五架梁。殿内采用隔墙分为南北两殿,龙神庙面南,观音殿面北。

观音殿壁画尚存,南墙壁画受泥水侵蚀,画面局部已毁,残存的画面色彩鲜艳,从画面的蓝色调来看,应是清末民国时所绘。

正壁绘《五菩萨坐堂说法图》,轮廓尚存,但细节已漫漶。壁画明间绘三大士,正中为观音,观音两侧为善财童子与龙女,两后上侧为伽蓝护法与韦驮护法(图28.25)。东次间为千手千眼观音,两侧各立一位侍者。西次间为地藏菩萨,两侧各立一位侍者。

下宫村乡东庄头村观音殿　位于北街的正中位置,坐南面北,整座庙院保存较好,院门高筑于5级台阶上,拱门顶上砖雕"观音殿"3字。院内门楼两侧建钟、鼓二亭,皆为硬山顶建筑。这是蔚县少见的独立而建的观音殿庙院,为专门供奉观音的场所。正殿面阔三间(坐二破三式),殿内壁画保存较好,但近期修缮时在其表面涂一层保护涂层。

图 28.25　杨庄窠乡嘴子观音殿正壁

正壁绘《五菩萨坐堂说法图》。明间绘三大士，即普贤、观音、文殊。东间次为千手千眼观音，西次间为地藏。正中观音东侧为龙女，西侧为善财童子；在普贤与文殊的侧后方，分别为伽蓝护法神与韦驮护法神（图 28.26）。

图 28.26　下宫村乡东庄头观音殿正壁

此堂壁画在构图上与杨庄窠乡嘴子观音殿的《五菩萨坐堂说法图》略有区别,主要表现在伽蓝护法与韦驮护法的位置上。下宫村乡东庄头观音殿观音中,二者分别在普贤与文殊的侧后方;而在杨庄窠乡嘴子观音殿中,二者是在观音的侧后方。

二、山墙壁画

两侧山墙壁画是观音殿壁画的重要组成部分。依所绘内容,目前发现有 5 种类型,即:《观世音菩萨普门品》中的"救八难",《善财童子五十三参经变图》《妙善三公主出家修行图》《乐女奏乐图与观音送子图》,而其中占绝大多数的是观音"救八难"题材壁画。据调查,其内容保存较好或部分可辨的尚存有 25 座。

(一)《观世音菩萨普门品》中的"救八难"

《观世音菩萨普门品》简称《普门品》,原是《妙法莲华经》里的一品。随着观音信仰日益盛行,它被从汉文译本内单独提取出来,成为便于读诵的单行本。本品主要宣说观音菩萨的普门示现,集中记录了诸多观音菩萨大慈大悲、救苦示现事迹,由长行和重颂(即偈语)两部分组成。长行又分为两段,前面一段讲"救七难""应二求""解三毒",列举了火、水、罗刹、刀杖、饿鬼、枷锁、怨贼七种苦难,讲的是观音菩萨救众生脱离苦难,成全生男、生女的需求,终至拔除人心贪、瞋、痴的三毒;后面一段讲"与乐",述观音菩萨"闻声救苦",以三十三种应身,遍游十方国土,随类应现。[1]

《普门品》是在我国各地流传最广泛、最深入人心的一部经论。相传,在南北朝时期,北凉国王沮渠蒙逊得了重病,群臣束手无策。这时,有一位名叫昙无识的法师云游到此,听说国王病重,便对其家人臣子说国王得的不是普通生理上的病,而是心理上的业障,世间的医药是治不好的,佛教中有部《妙法莲华经》,经中有一部《观世音菩萨普门品》,国王若能恳切至诚地诵读,得到观音菩萨的加持,就可以恢复健康。国王和臣子按照昙无识法师的话去做,不久国王便痊愈,消息传出,很多人都开始念诵《普门品》,并得到了很多的感应。此后《普门品》便开始流传开来。

据《普门品》记述,当众生遭遇灾难时,只要诵念观音名号,观音菩萨便可即时观其音声,前往拯救。在《普门品》中列举了 12 种灾难场景,但在蔚县观音殿的山墙壁画中,一般选择其中的 8 种场景来展示"心念不空过,能灭诸有苦"的观音神通力,所以乡民俗称此类壁画为"救八难"。在山墙壁画的构图上,每壁的上部绘有 4 种遇难的场景,在 4 幅"救八难"场景的下部,皆绘有 9 尊罗汉,两侧一共构成了 8 种遇难的场景与十八罗汉。但壁画对于《普门品》中 12 种遇难场景的选用频次是不同的,有的选用频次很高,有的选用频次

---

[1] 沙武田:《〈观世音菩萨普门品〉与"观音经变"图像》,《法音》2011 年第 3 期。

较低。

　　壁画中,观音"救八难"的每一幅场景皆题写有榜题,以便让世人熟知其中的内容,念一遍榜题等同于诵读一遍《普门品》。由于口口相传或画匠记忆的原因,这些榜题在文字用词上与《普门品》中的常有不一致现象,如有使用通假字的情况,但其描述的场景相同。

　　阳眷镇豹峪村观音殿　正殿壁画虽保存一般,但在"三普"时断为明代所绘,成为蔚县遗留的观音殿中唯一可能为明代的壁画。但从风格与色彩上看,我们认为此堂壁画应绘于清中前期,是否能到明代很难确定。

　　观音殿位于旧村主街正中南侧寺庙群内,坐南面北,面阔单间,硬山顶,进深二椽。殿内正壁涂刷白灰浆,壁画全毁。东、西两壁壁画尚存,上部为各4幅观音"救八难",下部各为9尊罗汉。"救八难"虽绘有题榜框,但未见题字(图28.27)。

图28.27　阳眷镇豹峪主街正中观音殿正壁

　　宋家庄镇南方城村观音殿　位于堡西南角外侧。庙院整体坐南面北。正殿面阔单间,山墙壁画保存较好,是蔚县观音殿观音"救八难"题材中保存最完整的一幅(图28.28、29)。壁画为民国时期的作品,上部各为4幅观音"救八难",下部各为9尊罗汉。"救八难"各幅上方绘有长方形榜题框,但其内未题字。虽无榜题,但从壁画内容上可推测。

图 28.28 宋家庄镇南方城观音殿西壁

图 28.29 宋家庄镇南方城观音殿东壁

蔚州镇李堡子村六神庙观音殿　位于六神庙的正殿北侧,山墙壁画保存较好,上部各绘4幅观音"救八难"题材壁画,下部各绘9位罗汉。其中,观音身边有一童子伴随,这是与其他观音殿中"救八难"观音有所区别的(图28.30、31)。

假使兴害意,推落大火坑 念彼观音力,火坑变成池	或遭王难苦,临刑欲寿终 念彼观音力,刀寻段段坏
或漂流巨海,龙鱼诸鬼难 念彼观音力,波浪不能没	若恶兽围绕,利牙爪可怖 念彼观音力,疾走无边方
云雷鼓掣电,降雹澍大雨 念彼观音力,应时得消散	或被恶人逐,堕落金刚山 念彼观音力,不能损一毛
咒诅诸毒药,所欲害身者 念彼观音力,还着于本人	或囚禁枷锁,手足被杻械 念彼观音力,释然得解脱

图28.30　蔚州镇李堡子六神庙观音殿东壁

图 28.31　蔚州镇李堡子六神庙观音殿东壁

代王城镇富家堡村南堡观音殿　位于堡南门内侧。观音殿坐南面北，面阔单间。殿内新立观音塑像，新绘正壁壁画。山墙壁画为旧画，保存较好，表面涂刷一层桐油，壁画上部绘观音"救八难"题材壁画，东西各有 4 幅；下部各绘 9 尊罗汉像（图 28.32）。上部两壁各为：

假使兴害意，推落大火坑 念彼观音力，火坑变成池	蚖蛇及蝮蝎，气毒烟火然 念彼观音力，寻声自回去
或漂流巨海，龙鱼诸鬼难 念彼观音力，波浪不能没	或被恶人逐，坠落金刚山 念彼观音力，不能损一毛
云雷鼓掣电，降雹澍大雨 念彼观音力，应时得消散	咒咀诸毒药，所欲害身者 念彼观音力，还着于本人
或遭王难苦，临刑欲寿终 念彼观音力，刀寻段段坏	或在须弥峰，为人所推坠 念彼观音力，如日虚空住

图 28.32　代王城镇富家堡南堡观音殿东壁局部

　　杨庄窠乡北庄头村观音殿　正殿坐南面北,坐二破三式,硬山顶,进深二椽。殿被后世所改造,窗户封死,仅存中间殿门。北墙西侧墙体和顶部坍塌,西墙坍塌,壁画已毁,东壁壁画尚存,受损严重(图 28.33)。壁画上部绘观音"救八难"题材壁画,下部绘罗汉,"救八难"仅存 3 幅,罗汉已漫漶。从色彩上判断,壁画应是清末民初时所绘。

　　南岭庄乡赵家窑村观音殿　正殿山墙壁画为清中晚期时所绘,分上、下两部分。上部绘观音"救八难"题材壁画,每面墙各绘 4 幅,下部各绘 9 尊罗汉(图 28.34、35)。"救八难"中榜题写法,不是全部的 4 句,而仅选其中关键的 1 句,部分词语还用同音字代替。

刀寻破破坏	应时德消散
如日虚自身	寻声自回去
不能损一毛	疾走无边方
还着于本人	易然寻解脱

图 28.33　杨庄窠乡北庄头观音殿东壁

图 28.34　南岭庄乡赵家窑观音殿西壁

图 28.35　南岭庄乡赵家窑观音殿东壁

南杨庄乡东大云疃村南庄观音殿　正殿山墙绘有观音"救八难"题材壁画,两壁各绘4 幅,共 8 幅,底部为十八罗汉(图 28.36)。东壁 4 幅"救八难"榜题尚可辨认,西壁南侧的2 幅榜题尚可辨认,北侧的 2 幅漫漶。榜题中错字较多,是典型的乡村壁画。

(画毁)	念开观音例,刀行断坏
(画毁)	念开观音例,远□蟒虎□
念开观音例,火坑变成池	念开观音例,无藏不□□
念开观音例,加锁得□托	念开观音例,□□□□
观音、龙女与善财童子	
三官庙	

柏树乡庄窠村观音殿　又称南海大士殿,位于堡东门外北侧,对面 50 米处为倒座穿心戏楼。庙院和正殿皆坐北面南,为蔚县遗留较少的正向观音殿之一。据殿内脊檩题记可知,该殿创建于雍正六年(1728),重修于 1915 年。

观音殿面阔三间(宅二破三式),殿内西山墙壁画尚存,应为 1915 年重修时所绘,下部绘 9 尊罗汉像,上部所绘的 4 幅"救八难"图,分别为雷击、火烧、下毒、坠崖的场景。

草沟堡乡南骆驼庵村四神庙观音殿　位于四神庙正殿北侧,坐南面北,面阔单间,进深一椽,明间辟券形门。殿内壁壁画尚存,据北墙殿门上部的"民国贰年八月十七日"题壁推断,应为民国时期的作品。殿内山墙与北墙壁画连为一体,形成整体,上部绘观音"救八难"题材壁画,8 幅画基本完整;下部绘十八罗汉,毁坏严重(图 28.37)。

图 28.36　南杨庄乡东大云疃南庄观音殿东壁

图 28.37 草沟堡乡南骆驼庵四神庙观音殿西壁上部

每一幅"救八难"上未见榜题,但北墙殿门上绘有一条屏,写有 4 段"救八难"的经文题字。东侧 1 段已漫漶,其他 3 段仍可释读(图 28.38):

或漂流巨涛,龙鱼诸鬼难	念彼观音力,波涛不能没
或在须弥峰,为人所推坠	念彼观音力,如日虚空住
或囚禁枷锁,手足被杻械	念彼观音力,释然得解脱

除上述外,蔚县遗留的观音殿中绘有"救八难"题材的壁画还有蔚州镇南张庄观音殿、宋家庄镇辛落塔观音殿、涌泉庄乡独树观音殿、杨庄窠乡小辛留观音殿、阳眷镇豹峪东端北坡观音殿、黄梅乡下康庄西堡观音殿、北水泉镇大石头梁观音殿等,这些壁画受损严重,榜题残缺。

观音"救八难"题材壁画在细节上也有不同的表现形式,即特例。

(1) 在施展法力上,以观音施法居多;在观音的形象上,部分"救八难"中,出现不同形象的观音。另外,在少数"救八难"中,除了观音施法力之外,还有善财童子、龙女、韦驮与伽蓝也参与其中,如涌泉庄乡任家涧观音殿的"救八难"中,8 幅图中既有善财童子与龙女施法力,也有韦驮与伽蓝施法力,但却未出现观音。

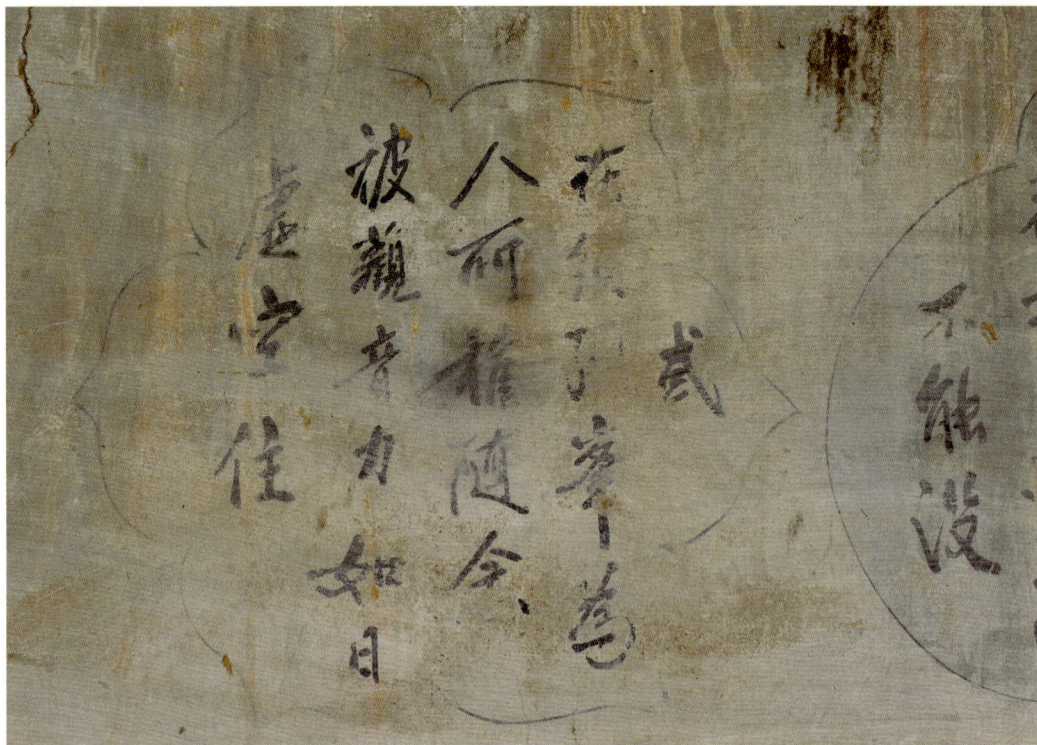

图 28.38　草沟堡乡南骆驼庵四神庙观音殿北壁题字

涌泉庄乡任家涧观音殿　两侧山墙上部绘"救八难",下部绘十八罗汉,壁画保存较好(图 28.39~41)。东壁北侧第 2 幅下部存有题记"光绪八年冬月记□",由此可知壁画应为光绪八年(1882)所绘。在 8 幅图中既有善财童子与龙女施法力,也有韦驮与伽蓝施法力,但观音却没有施展法力。此类观音未施法力的"救八难"图,在蔚县并不多见。

假使兴害意,推落大火坑 念彼观音力,火坑变成池	或遭王难苦,临刑欲寿终 念彼观音力,刀寻段段坏
酒宴巧安排,一心□人害 念彼观音力,吐血心中坏	若恶兽围绕,利牙爪可怖 念彼观音力,疾走无边方
□□□□□,□□□□□ □□□□□,□□□□□	或漂流巨海,龙鱼诸鬼难 念彼观音力,波浪不能翻
(榜题毁)	或在须弥峰,为人所推坠 念彼观音力,如日虚空住
观音坐堂说法图	
泰山庙	

图 28.39　涌泉庄乡任家涧观音殿东壁局部

图 28.40　涌泉庄乡任家涧观音殿西壁局部

图 28.41　涌泉庄乡任家涧观音殿东壁

柏树乡西高庄观音殿　位于堡南门外对面。正殿面阔单间,硬山顶,南北各供神祇。南侧坐北面南为三官庙;北侧坐南面北为倒座观音殿。观音殿内正壁表面已刷白灰浆,壁画无存。山墙壁画尚存,虽神像脸部全部损毁,但色彩仍艳丽,为民国时期的作品(图28.42、43)。两侧壁画上部各绘 4 幅观音"救八难"题材壁画。图中的榜题皆为 5 字,与《观世音菩萨普门品》中原句相比,还根据表达上的需要作了些调整。从残存的施法力者外形与着装来看,也是由观音之外的神所施法力。

西侧自北向南为:□身自回避,刀刀断三截,火花变莲池,道路开枷锁。

图 28.42　柏树乡西高庄观音殿西壁

东侧自北向南为：降雹注大雨，虎走无边方，不得损一毛，换毒与本人。

图 28.43　柏树乡西高庄观音殿东壁

南留庄镇埚串堡观音殿　正殿两侧山墙上半部各绘 4 幅观音"救八难"题材壁画，下半部绘十八罗汉画像。"救八难"中施法力者不仅有观音，还有伽蓝护法与韦驮护法，这是与众不同之处（图 28.44）。

图 28.44　南留庄镇埚串堡观音殿东壁·施法力的韦驮

蔚州镇逢驾岭观音殿 位于堡南门顶部。正殿面阔三间(坐二破三式),硬山顶,进深五架梁。殿内设隔墙分为南北 2 庙,面南为三官庙,面北为观音殿。建筑已修缮,隔墙重砌,山墙壁画表面原曾涂抹白灰浆,修缮时将壁画全部清理出来,壁画为民国时期的作品。

观音殿新塑观音像,新绘正壁壁画《观音坐堂说法图》,画中间为观音,两侧分别为龙女与善财童子。外侧有两位护法神将,东侧持大刀的为伽蓝护法,西侧持金刚杵的为韦驮护法。

山墙尚存旧画,为民国时期的作品。山墙上部各绘有 2 幅圆形画像,其中为年轻的施法者,由于"救八难"情景中没有施法力的观音或其他神祇,推测这两幅画像中的年轻者即为其他观音殿中"救八难"情景中的施法力之神。中部各绘 4 幅观音"救八难"题材壁画,下部各绘九尊罗汉。东壁上部的圆形画像仅南侧 1 幅可见 1 位人物;中部 4 幅"救八难"的每一幅题记只露出局部,其内容依据《观世音菩萨普门品》可以推出;下部 9 尊罗汉仅可见右侧的4 位(图 28.45)。西壁上部的 2 幅圆形画像较为完整;中部内侧的 3 幅"救八难"题记清晰,外侧 1 幅只有"寻段"两字,可猜出此图代表的是哪一难。下部的罗汉已漫漶(图 28.46)。

□□□□□,□□□□□ □□□□□,□寻段□□	或因禁枷锁,手足被杻械 念彼观音力,释然得解脱
或值怨贼绕,执刀将加害 念彼观音力,咸即起慈心	□□诸毒药,所欲害身者 念彼观音力,还着于本人
或漂流巨海,龙鱼诸鬼难 念彼观音力,波浪一时没	若恶兽围绕,利牙爪可惜 □□□□□,□走无边方
假使兴害意,推落大火坑 念彼观音力,火坑变成池	云雷鼓掣电,降雹澍大雨 念彼观音力,应时得消散
新绘:观音、龙女与善财童子;伽蓝护法、韦驮护法	
三官庙	

(2) 观音"救八难"题材壁画中还有一种类型,是将十八罗汉与十殿阎王结合在一起,形成 3 排式的排列,如下宫村乡东庄头观音殿。此为将观音信仰与十殿阎王信仰共享一殿的形式。

下宫村乡东庄头观音殿 正殿两侧山墙壁画上部各绘 4 幅观音"救八难"题材壁画,每幅图上的榜题已无字迹,不知是近期修缮时重新涂刷所毁,还是原画就未题字。中部绘罗汉,下部绘十殿阎王。两侧壁画的 3 排式布局,在蔚县其他观音殿中不多见。

正殿前廊下东、西两侧各立有一通石碑。东侧为"中华民国戊午年"的《重修观音殿工程告竣碑记》,因此,殿内壁画应为 1918 年重绘。

(3) 蔚县的佛寺已演变为佛教与道教共祭的场所。观音殿常位于寺庙中主要的配殿或中殿,由于佛寺在乡民心中的地位高,殿内壁画往往绘制精美,因此佛寺中的观音殿留存了较为精美的"救八难"壁画。据调查,蔚县佛寺中发现 7 处以各种形式表现"救八难"内容

图 28.45　蔚州镇逢驾岭观音殿东壁

图 28.46　蔚州镇逢驾岭观音殿西壁

的殿堂,即涌泉庄乡东陈家涧安乐寺圆通殿、涌泉庄乡阎家寨重泰寺观音殿、西合营镇羊圈堡隆善寺观音殿、西合营镇任家庄圆通寺观音殿、西合营镇横涧东堡普光寺观音殿、下宫村乡苏官堡中华严寺地藏殿与北水泉镇杨庄极乐寺圆通殿。

西合营镇任家庄圆通寺观音殿 位于圆通寺中殿,坐南面北,单檐硬山顶,面阔三间。殿内梁架上施有彩绘,殿内壁画保存较好,为清末民国时期的作品。西壁壁画色彩鲜艳,但东壁受雨水侵蚀已漫漶。

此殿特殊之处是观音"救八难"题材壁画绘制于山尖壁画中(图28.47、48),东西各有4幅,彩绘,壁画无题榜,但通过壁画的内容可释读出其表现的是哪一"难"。在东山尖一幅画中,题有"中华民国"字样,但没有具体年份。在山尖部分壁画表现神祇的故事,在蔚县还是比较少见的。

图28.47　西合营镇任家庄圆通寺观音殿东山尖

图28.48　西合营镇任家庄圆通寺观音殿西山尖

下宫村乡苏官堡中华严寺地藏殿　　北墙（正面）东、西次间绘有观音"救八难"题材壁画与罗汉画像，保存较为完整；东、西山墙绘十殿阎君题材，从而将地藏阎君与观音组合到一殿内祭拜。

　　北墙（正面）东、西次间各绘有4幅观音"救八难"题材壁画与9尊罗汉（图28.49、50）。

东次间

咒咀诸毒药，所欲害身者。念彼观音力，还着于本人	蚖蛇及蝮蝎，气毒烟火然。念彼观音力，寻声自回去	或遭王难苦，临刑欲寿终。念彼观音力，刀寻段段坏	或在须弥峰，为人所推坠。念彼观音力，如日虚空住

图28.49　下宫村乡苏官堡中华严寺地藏殿北墙东次间

西次间

若恶兽围绕,利牙爪可怖。念彼观音力,疾走无边方	或漂流巨海,龙鱼诸鬼难。念彼观音力,波浪不能没	或被恶人逐,坠落金刚山。念彼观音力,不能损一毛	假使兴害意,推落大火坑。念彼观音力,火坑变成池

图 28.50　下宫村乡苏官堡中华严寺地藏殿北墙西次间

涌泉庄乡阎家寨重泰寺观音殿　位于寺中第 2 排大殿后面,正对水陆殿,面阔单间,硬山顶,出前檐廊,南北设门,殿宇已维修,殿内供奉新塑的送子观音塑像,殿内壁画仍为旧画,虽壁画表面曾涂刷有白灰浆,但修缮时除去白灰浆,壁画内容较清晰。

山墙壁画绘观音"救八难"题材壁画,特殊之处在于所绘为"十二难"。各幅排列不十分规矩,顶部一排为 6 位观音现身,下部分别错次排列着 6 幅"救八难"图,有的从顶至底为一幅,有的只到中间部分为一幅。从色彩上看,壁画应为清末的作品(图 28.51、52)。

此外，山尖壁画亦为彩绘。

或值怨贼绕，各执刀加害 念彼观音力，咸即起慈心	云雷鼓掣电，降雹澍大雨 念彼观音力，应时得消散
或遭王难苦，临刑欲寿终 念彼观音力，刀寻段段坏	蚖蛇及蝮蝎，气毒烟火然 念彼观音力，寻声自回去
或被恶人逐，堕落金刚山 念彼观音力，不能□□□	若恶兽围绕，利牙爪可怖 念彼观音力，疾走无边方
或在须弥峰，为人所推堕 念彼观音力，如日虚空住	或遇恶罗刹，毒龙诸鬼等 念彼观音力，时悉不敢害
或漂流巨海，龙鱼诸鬼难 念彼观音力，波浪不能没	咒诅诸毒药，所欲害身者 念彼观音力，还着于本人
假使兴害意，推落大火坑 念彼观音力，火坑变成池	或囚禁枷锁，手足被杻械 念彼观音力，释然得解脱

图 28.51 涌泉庄乡阎家寨重泰寺观音殿东壁局部

图 28.52　涌泉庄乡阎家寨重泰寺观音殿西壁局部

　　（二）十八罗汉

　　十八罗汉,系自十六罗汉演变而来,目前所知最早的十八罗汉像,为五代时张玄、贯休所绘的。其后,宋代的苏东坡分别为此二画题十八首赞,并于贯休所作标出罗汉名称。元代以后,各寺院的大雄宝殿中多供奉十八罗汉。通常所说的十八罗汉为:坐鹿罗汉、欢喜罗汉、举钵罗汉、托塔罗汉、静坐罗汉、过江罗汉、骑象罗汉、笑狮罗汉、开心罗汉、探手罗汉、沉思罗汉、挖耳罗汉、布袋罗汉、芭蕉罗汉、长眉罗汉、看门罗汉、降龙罗汉、伏虎罗汉。

　　观音殿山墙壁画一般分为上、下两部分。上部为观音"救八难"题材壁画,下部绘有十八罗汉,十八罗汉分列两侧,每侧各有 9 尊。画面中的罗汉生动活泼,或面部形象夸张,或神情严肃,生动地表现了罗汉修行的场面。

　　宋家庄镇南方城观音殿　西壁下部的十八罗汉形象生动,动作夸张(图 28.53、54)。

图 28.53　宋家庄镇南方城观音殿西壁下部·罗汉

图 28.54　宋家庄镇南方城观音殿东壁下部·罗汉

南杨庄乡东大云疃南庄观音殿　西壁下部的罗汉相对来说略显严肃,似在认真地聆听观音说法(图 28.55、56)。

图 28.55　南杨庄乡东大云疃南庄观音殿西壁下部·罗汉

图 28.56　南杨庄乡东大云疃南庄观音殿东壁下部·罗汉

（三）《善财童子五十三参图》

善财童子五十三参在佛教经典中甚为流行。敦煌莫高窟唐代壁画中已绘有《五十三参经变图》[1]。及至宋代，特别是南宋，五十三参图大量出现。明代以后，五十三参变则成为佛教寺院壁画中与观音"救八难"一样甚为流行的题材，但现存较为完整的壁画数量相对较少。

《善财童子五十三参图》在蔚县观音殿中遗留数量极少，目前仅在宋庄家镇上苏庄村、西合营镇司家洼村与下宫村乡苏贾堡村的观音殿中发现。

西合营镇司家洼观音殿　位于堡东南角外的庙院中。庙院修建于高约3米的高台之上，外立面包砌条石。庙院北门楼尚存，门外设高台阶。院内分东、西两路，东路为主体殿宇，北侧为正殿，南侧为戏楼。西路为较低的禅房院。正殿面阔单间，硬山顶，五架梁出前檐廊，殿内隔为南、北两殿，南侧供奉龙神，北侧供奉观音。

观音殿内壁画保存较好，正壁绘《观音坐堂说法图》，两侧山墙绘《善财童子五十三参图》。东壁壁画南侧边缘尚存题记，"康熙三拾七年五月吉日立画工张怀德"。在东壁最下排北端一幅画（"婆须□女"）的左上角榜题为"大清戊寅年□午□□□"。清代戊寅有康熙三十七年（1698）、乾隆二十三年（1758）、嘉庆二十三年（1818）、光绪四年（1878），可知壁画可能为康熙年间所绘，清前期纪年壁画在蔚县境内较为少见。

正壁《观音坐堂说法图》分为上、下两部分。上部是三尊菩萨，结跏趺坐于莲座上，中间的菩萨两侧有胁侍。周边还有诸神像。下部正中为观音骑于金毛犼上，东侧为骑六牙白象普贤，西侧为骑青狮文殊；观音西上角为善财童子，而龙女与一侍者跪于观音右前方，毕恭毕敬地敬献供品。

两侧绘画为《善财童子五十三参图》，连环式，各为5排5列，上面第1排皆为6幅，东壁下部2排南侧最后1列挤成3幅，于是东壁为27幅（图28.57），西壁为26幅（图28.58），一共53幅。

东壁

善财童子弟第 * 六诣住林城参解脱长者	善财童子第五诣达里茶国参弥伽长者	善财童子第四诣楞伽道傍参善住比丘	善财童子第三诣海门国参海云比丘	善财童子第二诣妙峰山参德云比丘四维	初诣婆罗林中参文殊师利菩萨
善财童子第七诣摩利伽罗国参海幢比丘	善财童子第八诣海潮处园林参休舍优婆		善财童子第九诣那罗素国毗目瞿沙仙人	善财童子第十诣伊沙聚落参胜热婆罗	善财童子第十一诣师子奋城参慈行童子

---

〔1〕 殷博：《莫高窟第85窟善财童子五十三参初探》，《敦煌研究》2014年第2期。

* 壁画榜题中，弟与第字常混用，现依通行用法，均改为"第"字。

善财童子第十六诣师子宫城参宝髻长者	善财童子第十五诣大兴城参明智足士	善财童子第十四诣海住城中参具足优婆	善财童子第十三名门河渚中参自在童子	善财童子第十二诣三眼国参善见比丘
（榜题毁）	善财童子第十八诣多罗幢国参无厌足王	善财童子第十九诣妙光城参大光王	善财童子第二十诣安住城参不动优婆	善财童子第二十一诣都萨罗威参遍行外道
善财童子第二十六诣崄难国中参婆须□女	善财童子第二十五诣输那国参师子频坤比丘	善财童子第二十四诣可乐城中参无上圣长者	善财童子第二十三诣楼阁城中参船师婆	善财童子第二十二诣广大国参优钵罗花长者

图 28.57　西合营镇司家洼观音殿东壁

西壁

善财童子第二十七诣善度城参鞴瑟胝罗居士	善财童子第二十八诣□陀迦山参观自在	善财童子第二十九三光□□□□参正趣菩萨	善财童子第三十诣隋罗钵底城参大天神长者	善财童子第三十一诣菩提场安住地神	善财童子第三十二诣迦毗罗城参婆珊□演主夜神
善财童子第三十七诣如来会中参守护一切城主夜神	善财童子第三十六即道场中参寂静音海主夜神	善财童子第三十五即众会中参普救众生妙德主夜神	善财童子第三十四不离菩萨场参喜目观察众生主夜神		善财童子第三十三诣普提场参普德净光主夜神
善财童子诣毗卢处楼阁参弥勒菩萨	善财童子第三十八诣佛会中参敷禾花生夜神	善财童子第三十九诣□场中参大愿精进力救护众生主夜神	善财童子第四十诣妙毗岚园中参妙德圆满主夜神		善财童子第四十一诣法界讲堂参释种瞿波女
善财童子第四十六诣婆嘴那城参贤胜优婆	善财童子第四十五诣不离当处参善知众艺童子	善财童子第四十四诣迦毗罗城参童子师偏友	善财童子第四十三诣三十三天上参天主光天女		□□□□第四十二□□□□□参佛母□□
善财童子第四十七诣沃白城参坚固解脱长者	善财童子第四十八即□城中参妙月长者	善财童子第四十九诣出生城参无胜军长者	善财童子第五十即此城南聚落参最寂静婆罗		（榜题毁）

图 28.58　西合营镇司家洼观音殿西壁

司家洼观音殿内《善财童子五十三参图》的内容,突出了善财童子由文殊师利菩萨引领,将文殊师利菩萨为第一参。正所谓"善财最初受文殊教,往胜乐国妙峰山,参德云比丘"。其他各"参"的顺序与《善财童子五十三参图赞》基本一致。但其中西壁第3排第1列榜题中没有参数,只有"善财童子诣毗卢处楼阁参弥勒菩萨",经与《善财童子五十三参图赞》对比,此场景应为第五十二参。但奇怪的是整幅壁画中缺少五十三参,参普贤菩萨。

此堂壁画中将参文殊师利菩萨列为第一参,参弥勒菩萨时穿插于中间不标参的数目,且缺少第五十三参普贤菩萨,由于这几位菩萨都是重要的神祇,也是大家耳熟能详的,画匠不会疏忽这3位,这其中有什么缘故,需要对粉本的流传作进一步的研究。

宋家庄镇上苏庄观音殿 位于堡北门内,正对堡门,现存为一进院落。山门、院墙保存较好,山门为随墙门,硬山顶,券形门洞。院中正殿坐南面北,面阔单间,硬山顶,进深五架梁出前檐廊。殿中正面为新塑的塑像,三面墙壁尚存旧壁画。

正壁绘《三大士坐堂说法图》,中间为观音,观音侧后为龙女与善财童子,两侧为文殊与普贤,两侧上角分别为伽蓝护法(东)韦驮护法(西)。

山墙绘有《善财童子五十三参图》,三排九列连环画形式,每一幅画为其中一参。其中,东墙最内侧1列为2排,如此排列,西墙为27幅,东墙为26幅,共53幅。壁画从西墙左上角起首,按书写顺序依次展开,描述了善财童子从孩提的好奇心出发,经文殊师利的指引,历经千辛万苦,参拜了五十三位善知识者,终修成正果。虽然画面色彩略有褪色,局部也有损坏,但每一幅图的内容基本完整,但部分榜题损毁(图28.59、60)。

西壁

第一参南方胜乐国妙峰参德云比丘	第二参南方海门国参海云比丘	第三参南方楞伽道边参善住比丘	第四参南方达里白界茶国自在城自参弥伽大士	第五参南方住林城参解脱长者	第六参南方阎浮提畔摩利伽罗国参海幢比丘	第七参南方海潮普庄严园参休舍优婆夷	第八参南方海潮那罗素国参毗目瞿沙仙人	第九参南方伊萨沙那参胜热婆罗门
第十参南方师子奋迅城参慈行童女	第十一参南方三眼国参善见比丘	第十二参南方名闻国参自在主童子	第十三参南方海住大城参具足优婆夷	第十四参南方大兴城参明智居士	第十五参南方师子宫城参法宝髻长者	第十六参南方藤根国普门城参善眼长者	第十七参南方多罗幢城参无厌足王	第十八参南方妙光城参大光王
第十九参安住王都参不动优婆夷	第二十参南方无量□□罗大城参行外道	第二十一参南方广大国参□□香长者名优钵罗花	第二十二参南方楼阁城参婆施罗船师	(榜题模糊)	第二十四参南方□那国迦陵迦林城参师子频□比丘尼	第二十五参南方□□□宝严城参婆须□□	第二十六参南方□□城□□月罗居士	第二十七参南方□恒洛迦山参观自在菩萨

图 28.59　宋家庄镇上苏庄观音殿西壁·第六参海幢比丘

东壁

第三十六参菩提场如来会中参参守护一切众生主夜神	（榜题模糊）	第三十四参菩椥众生妙德夜神	第三十三参菩提场右参喜目观察众生夜神	第三十二参摩竭提国菩提场中参普德净光主夜神	第三十一参摩竭提国迦毗买婆珊婆演底主夜神	第三十参南阎浮提摩竭提国菩提场中参安住主地神	第二十九参南方堕买钵底城参大天神四取四手大水	第二十八参东方正趣菩萨妙藏世界普胜生佛国
（第四十五参）（榜题模糊）	（第四十四参）（榜题模糊）	（第四十三参）（榜题模糊）	（第四十二参）（榜题模糊）	第四十一参摩耶夫人	第四十参迦毗罗城参释迦瞿婆	第三十九参□□圆满神	第三十八参佛会中参大赖精进力救护众生夜神	第三十七参佛会中参开敷一切树花主夜神
（画毁）（第五十三参）（榜题模糊）	（画毁）（第五十二参）（榜题模糊）	（画毁）（第五十一参）（榜题模糊）	第五十参妙意华门城□□□□□□□□□□（榜题模糊）	第四十九参（榜题模糊）	第四十八参出生城参无胜军长者（榜题模糊）	第四十七参妙月长者（榜题模糊）	第四十六参沃田城参坚固解脱长者（榜题模糊）	

图 28.60　宋家庄镇上苏庄观音殿东壁·第四十参迦毗罗城参释迦瞿婆

下宫村乡苏贾堡观音殿　位于堡南门外,正对南门。正殿面阔三间,硬山顶,进深七架梁出前后檐廊,中间设隔墙。南侧为三官庙,坐北面南,进深三椽;北侧为观音殿,坐南面北,进深三椽。殿脊顶施黄绿琉璃瓦、琉璃花脊,等级较高。正脊顶立有牌位,观音殿一侧刻有"皇帝万岁万 万岁 ",前款为"嘉靖三十六年造";三官庙一侧上刻有"天地三界"。说明此殿脊顶琉璃瓦等皆为嘉靖年间的原物。三官庙东侧前槛窗下嵌有 1 通道光六年的《重修各庙碣》石碑,碑文记载了创建与重修的几个主要时间节点。

观音殿内尚存壁画,整体色彩偏绿,应为清中晚期作品,所绘为五十三参。东壁北侧4 幅露出(图 28.61),西壁可见南侧的 12 幅。但由于壁画保存不全,且画中未题榜题,而难以释读。

图 28.61　下宫村乡苏贾堡观音殿东壁局部

（四）《妙善三公主出家修行图》

《妙善三公主出家修行图》的内容取材于元代女画家管道昇所著《观音大士传》。妙善为妙庄王的幼女，自幼断荤持戒，立志成佛。妙庄王希望她能像姐姐一样成家婚配，甚至不惜通过囚禁、减少衣食供应、从事劳役等手段企图强迫妙善改变志向，但妙善公主意志坚定，决不动摇。妙庄王勃然大怒，要将妙善斩首。在经历一番奇遇后，妙善对佛法的领悟也越为深刻，悟得正果。其后，妙善为了救病重的父亲妙庄王，自剜双目，自断双手，终于得到父亲的谅解。妙庄王深为女儿舍己救人精神感动，从此广布佛门功德。

现存《妙善三公主出家修行图》仅在蔚县东北部的吉家庄镇东贤孝观音殿与黄梅乡东吕家庄观音殿中发现，且黄梅乡东吕家庄观音殿壁画属近年新绘。

吉家庄镇东贤孝观音殿　位于堡南门内西侧。观音殿坐南面北，对面为正座戏楼，这是为数不多的坐北面南的戏楼。正殿面阔三间，硬山顶，进深六架梁出前檐廊，殿内新塑塑像，正中为观音，坐于莲花座上，两侧分别立着财善童子与龙女，两侧山墙供台上塑十八罗汉像。殿内壁画保存较好，三面皆存，为清中晚期作品（图 28.62、63）。

两侧次间正壁绘有观音"救八难"题材壁画,东西各有4幅,这是又一处将"救八难"壁画绘于正壁两侧次间的案例。东、西山墙绘《妙善三公主出家修行图》,连环画形式,每面各有2排6列,共12幅。

西次间正壁

一见起慈心	刀折成三段	蜿蛇并毒蝎	□□□□□

东次间正壁

枷锁自脱身	□□□□	不能损一□	疾走无边方

西壁

□□□□□□知	□□□□□修心	道□细□知庄王	庄王取公主入朝	公主远走离皇宫	□□□□
三公主岐山打坐	平地火焚白雀寺	公主白塔寺修心	金星□公主出朝	□□□□剑出鞘	□□□□

图 28.62　吉家庄镇东贤孝观音殿西壁

东壁

刘现张宗问樵夫	白云山割手剜眼	刘张得千眼回朝	二□□□□□□	□□□□□□□	千手千眼观世□
李□唐接榜治病	□鬼降□	喜鹊□□	二虎同眠	二虎头边来引路	□□□□□□□

图 28.63　吉家庄镇东贤孝观音殿东壁

正殿前廊下西侧立 1 通同治八年(1869)《重修观音殿碑》石碑,据此,壁画应为同治八年(1869)重修时所绘。

黄梅乡东吕家庄观音殿　位于堡南门外对面,坐南面北,与堡门隔街相对。现存一进院落,坐落在高 1.8 米的石砌庙台之上。观音殿于 2005 年 3 月重新揭顶大修,新砌院墙、油饰彩绘、壁画和更换门窗等,仅西山墙为旧物,其余全部为新建。

正殿坐南面北,面阔单间,硬山顶,进深四架梁出前檐。殿内为全新的壁画、塑像,山墙壁画绘《妙善三公主出家修行图》,连环画形式。东、西壁绘画数量相同,上部 2 排各为 6 列,中间 2 排各为 5 列,底部偏南侧各有 3 幅,每壁各有 25 幅。

东壁

佛祖西方土	庄王帅众拜佛祖	引出险路	辞父远离	白云中见父王	道长拜庄王
二臣离朝阁	复命回朝	怒制庄王	病中忆女	二臣拜道长	庄王悟道长
二臣问路寻主	二臣拜见公主	山夫拜公主	二臣领命出朝	庄王下旨	
辞别二臣	引公山上行	三公主求见佛祖	敬见佛祖	同往极乐	
与虎同修	深山苦修	愿同修菩提			

西壁

国母招见二臣	公主见国母	公主叩庄王	□□□	为公主说法	庄王招见二臣
二臣奏庄王	公主辞母远行	庄王招公入宫	为公□路	精卫见庄王	三公主见父王
二臣复命回朝	二臣奏知庄王	金星为公主指路	金星引公出朝	公主研□尊父命	
二臣领命出朝	洞中修行	怒制公主出家	金星救公主出朝	公主白塔寺修心	
			火中救人	无	□□□□修

（五）《乐女奏乐图》

《乐女奏乐图》题材的壁画仅在代王城东堡观音殿中发现。观音殿位于财神庙后坡，东堡南门外，正殿坐北面南，面阔单间，半坡顶，进深三椽。由于脊顶漏雨，东墙垮塌严重，东壁壁画受损严重。两侧山墙各绘有6位乐女，手中持各式不同的吹打等乐器（图28.64），内侧分别为文殊与普贤。

图 28.64　代王城东堡观音殿西壁

（六）《童子修行图》

童子修行图是以连环画形式表现童子修行的场景。该题材壁画仅南留庄镇滑嘴送子观音殿 1 例。乡民称此观音殿为送子观音殿。从壁画内容看,以孩童修行的内容居多,亦说明此殿是供奉送子观音的。此殿内两侧山墙绘连环画式壁画,各 4 排 4 列,东侧保存相对完整(图 28.65),西侧毁损严重。

东壁

(画毁)	(榜题毁)	(榜题毁)	(榜题毁)
(画毁)	观音点□图	何□修行图	玩童修行□图
(画毁)	(画毁)	(画毁)	(榜题毁)
(画毁)	(画毁)	(画毁)	(榜题毁)

图 28.65　南留庄镇滑嘴送子观音殿东壁

三、佛寺中圆通殿《三十二应说法图》

"三十二应"是佛教中用于形容观音菩萨的专门用语,即三十二应身,指观音菩萨为济度众生,根据其种类和根性所示现之三十二种形相。"应以何种身份得度者,即现何种身相为其说法,令彼解脱"。苦难众生只要诚心念诵观音的名字,菩萨就能立刻"观"到这个人的声音并会马上前去拯救,给他解脱苦恼。《三十二应说法图》目前只在佛寺的圆通殿中发现,如北水泉镇杨庄极乐寺圆通殿、涌泉庄乡东陈家涧安乐寺圆通殿。

北水泉镇杨庄极乐寺圆通殿 即东配殿,坐东面西,面阔三间,硬山顶,进深六架梁出前檐廊。殿墙壁尚存民国时期的壁画。正壁壁画绘有三大士像,正中为观世音菩萨,南侧为妙吉祥菩萨(文殊菩萨),北侧为普贤王菩萨。3 位菩萨周边还有 10 位菩萨坐像,坐像皆有榜题,从其中一副模糊的榜题中可勉强辨出"欢喜地菩萨"。由此可判定此为十地菩萨,即"初地欢喜地、二地离垢地、三地发光地、四地焰慧地、五地难胜地、六地现前地、七地远行地、八地不动地、九地善慧地、十地法云地"。十地是大乘菩萨道的修行阶位,代表了菩萨在修行中断除烦恼的程度,也标志着菩萨成就功德的程度。大地能生长万物,故佛典中常以"地"来形容能生长功德的菩萨行。十地菩萨分布在南、北次间,南次间为一地至五地,北次间为六地至十地(图 28.66、67)。

图 28.66 北水泉镇杨庄极乐寺东配殿正壁北次间

图 28.67　北水泉镇杨庄极乐寺东配殿正壁南次间

　　山墙壁画为连环画式,各 4 排 5 列,第 4 排内侧缺一幅,每壁有 19 幅,共 38 幅,每幅画皆有榜题,但榜题多已漫漶,只能依残存的个别字来推测榜题的内容。壁画内容分为上、下两部分。上部从内容上来看,应是以《首楞严经》中观世音"三十二应"说法为主线,指观世音菩萨为济度众生,根据其种类和根性所示现之三十二种形相,每壁 15 幅,两壁为 30 幅。下部每壁底排还各有 4 幅,绘有《观世音菩萨普门品》中的"救八难",两侧共 8 幅(图 28.68～71)。

　　南壁

应以□□身而得度者现□□身而为说法	应以大自在天身而得度者现大自在天身而为说法	应以玉皇大帝身而得度者现玉皇大帝身而为说法	应以文殊菩萨而得度者现文殊菩萨身而为说法	应以佛身而得度者现佛身而为说法
应以岳人身而得度者现岳人身而为说法	应以大金刚身而得度者现大金刚身而为说法	应以天大□□身而得度者现大□□身而为说法	应以大天王身而得度者现大天王身而为说法	应以阿修罗身而得度者现阿修罗身而为说法
应以□官身而得度者现□官身而为说法	应以女王身而得度者现女王身而为说法	应以梵王身而得度者现梵王身而为说法	应以□□身而得度者现□□身而为说法	(榜题模糊)
	蚖蛇及蝮蝎 气毒烟火燃 念彼观音力 寻声自回去	或被恶人逐 坠落金刚山 念彼观音力 不能损一毛	或漂流巨海 龙鱼诸鬼难 念彼观音力 波浪不能没	或在须弥山 为人所推坠 念彼观音力 如日虚空住

图 28.68　北水泉镇杨庄极乐寺东配殿南壁局部

图 28.69　北水泉镇杨庄极乐寺东配殿南壁局部

北壁

应以自在天身度者（被遮挡）	应以天龙身而得度者现天龙身而为说法	应以毗沙门身而得度者现毗沙门身而为说法	应以比丘身而得度者现比丘身而为说法	（榜题模糊）
应以□王身而得度者现□王身而为说法	应以摩喉罗伽□而得度者现摩喉罗伽□而为说法	应以小王身而得度者现小王身而为说法	应以商人而得度者现商人而为说法	（榜题模糊）
应以感应而将度者即现金刚感应而为说法	应以□婆塞优婆而得度者现□婆塞优婆而为说法	（被遮挡）	（被遮挡）	（被遮挡）
咒诅诸毒药所欲害身者□□□□□□□□□□	假使兴害意推落大火坑念彼观音力火坑变成池	（被遮挡）	（被遮挡）	（被遮挡）

图 28.70　北水泉镇杨庄极乐寺东配殿北壁局部

图 28.71　北水泉镇杨庄极乐寺东配殿北壁局部

涌泉庄乡东陈家涧安乐寺圆通殿　位于堡北墙外土坡上。据碑铭记载,该寺于清同治年间始建,经数年修建,于同治十三年竣工,历经六代僧人的重修、扩建,终成现在的规模。1971 年,两座主殿被焚烧,五通石碑、古钟、各殿牌匾均不复存在。重新修缮的安乐寺,以旧殿为基础,青砖墙体为原构,梁架、脊顶、门窗等重新更换。寺院主体由山门、天王殿、钟楼、鼓楼、东配殿、西配殿、正殿以及西跨院组成。

东配殿,即圆通殿,坐东面西,面阔三间,硬山顶,四架梁出前檐廊。殿内新塑三大士塑像。塑像后的殿内东壁绘《祥云图》。南、北山墙绘《说法图》与观音"救八难"题材壁画,南壁为旧图,北壁为新绘。

南墙壁画为清末民国时期作品,连环画形式,3 排 4 列,上层 2 排为 8 幅《说法图》,下层 1 排为 4 幅"救八难"图(图 28.72、73)。

南壁

应以佛□得度者即现□□□□□	□□支佛身得度者即现□□身而为说法比丘□□□□/任家堡/伍门□氏	应以声闻得度者即现声闻身而为说法陈家涧东堡/□□施金钱四十八文	应以梵王身得度者即现梵王身而为说法陈家涧东堡/赵门任氏施金□□文
（榜题毁）	应以大□□天身得度者即现大自在天身而为说法陈家涧东堡/连门□氏施全□五十文	□□□□身得度者即现□□□□为说法陈家涧东堡/连门□□施金□□□文	应以帝释身得度者即现帝释身而为说法/陈家涧□□赵门李氏
□□□□□□□□□□身而为说□□□□□□/赵门刘氏施金□□□□	（榜题毁）	或漂流□□，龙鱼诸鬼念彼观音力，波涛不□	或在须弥□，□□□□□念彼观音力，□□□□□

图28.72 涌泉庄乡东陈家涧安乐寺圆通殿南壁

图 28.73　涌泉庄乡东陈家涧安乐寺圆通殿南壁第 3 排

北壁壁画新绘,为 5 排 4 列,底排缺 1 幅,共 19 幅,皆为《说法图》。北壁新绘的《说法图》已包括南壁的内容。按照对称画法推测,北壁原图也是 8 幅《说法图》与 4 幅"救八难"图(图 28.74)。

北壁

众生应以佛身得度者观世音菩萨即现佛身而为说法	应以辟支佛身得度者即现辟支佛身而为说法	应以声闻身得度者即现声闻身而为说法	应以梵王身得度者即现梵王身而为说法
应以帝释身得度者即现帝释身而为说法	应以自在天身得度者即现自在天身而为说法	应以大自在天身得度者即现大自在天身而为说法	应以天大将军得度者即现天大将军身而为说法
应以小王身得度者即现小王身而为说法	应以毗沙门身得度者即现毗沙门身而为说法	应以长者身得度者即现长者身而为说法	应以居士身得度者即现居士身而为说法
应以宰官身得度者即现宰官身而为说法	应以婆罗门身得度者即现婆罗门身而为说法	应以比丘比丘尼优婆塞优婆夷身得度者即现比丘比丘尼优婆塞优婆夷身而为说法	(被遮挡)
应以童男童女身得度者即现童男童女身而为说法	应以天龙夜叉乾闼婆阿修罗迦楼罗紧那罗摩睺罗伽人非人等身得度者即皆现之而为说法	应以执金刚神得度者即现执金刚神而为说法	

图 28.74　涌泉庄乡东陈家涧安乐寺圆通殿北壁

四、佛寺中送子观音壁画

自古以来,民间十分重视生育问题,反映在宗教信仰上,民众总希望有一位菩萨能够圆了他们多子多福的心愿。送子观音的出现,应是民间生育观念的偶像寄托。

西合营镇横涧东堡普光寺送子观音殿　普光寺俗称"大寺",位于堡东门外北侧。原为一座庙院,占地 4 900 平方米。堡内南北街北段路边尚存 1 通"大明嘉靖纪元年"《重建普光寺碑记》石碑,可知普光寺创建时间在明嘉靖之前。

普光寺曾建有天王殿、大雄宝殿、千佛殿、东配殿(送子观音殿)、西配殿(地藏殿)、罗汉堂。现存天王殿、大雄宝殿、千佛殿与东配殿。

送子观音殿,即东配殿,单檐硬山顶,面阔三间,四架梁出前檐廊。殿内尚存清晚期壁画。正壁明间中绘送子观音,怀抱有一子,肩顶两侧为善财童子与龙女,左右两侧各立一位护法;北次间绘有马神,马神手持一剑,面目狰狞;南次间绘千手观音。观音两侧所立护法,东侧持有大刀者为伽蓝护法,但西侧护法所持不是金刚杵,是否表现的是韦驮护法,还有待研究(图 28.75)。

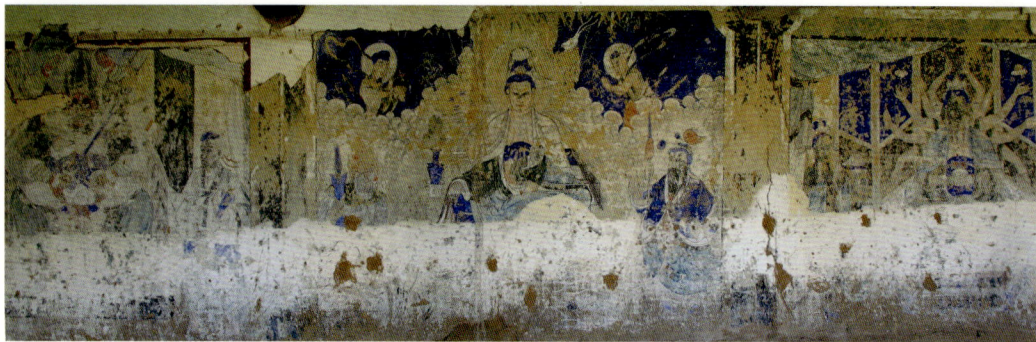

图 28.75　西合营镇横涧东堡普光寺送子观音殿正壁

第四节　观音殿壁画特点

一、观音殿壁画数量多、种类多,是研究观音殿壁画流传的重要样本

经过田野调查统计,蔚县遗留的观音殿壁画不仅数量众多,而且山墙壁画种类也多,包括观音"救八难"题材壁画,《善财童子五十三参图》《妙善三公主出家修行图》《乐女奏乐图》与《观音送子图》,而"救八难"图和《善财童子五十三参图》又衍生丰富多样的粉本。据我们有限的调查来看,国内其他任何一个县级区域都没有发现如此多的观音殿壁画遗留,这对研究观音殿壁画的流传提供了众多的样本。

二、观音"救八难"粉本类型丰富,占据了国内同类题材的多数

沙武田《观世音菩萨普门品与"观音经变"图像》[1]一文认为,《观世音菩萨普门品》图以绘画、石窟造像、版刻 3 种形式流传。早期隋、唐以石窟造像、石窟壁画、帛绢画为主,内容以"救六难"或"救八难"为题材,以观音为主尊,六难或八难两边对称构图。这在印度 Aurangabad 第七窟、阿姜塔(Ajanta)、艾罗拉(Ellora)及巴达米(Badami)等石窟中均有发现。我国的敦煌莫高窟壁画、藏经洞出土帛画中亦有发现,如五代至北宋(10 世纪中晚期)的《法华经普门品变相图》[2](图 28.76)等,此时绘画的构图以观音菩萨居中,两边绘对称排列的"救六难(八难)"内容。

---

〔1〕　沙武田:《观世音菩萨普门品与"观音经变"图像》,《法音》2011 年第 3 期。
〔2〕　马炜、蒙中:《西域绘画(8)》,重庆出版社,2010 年,第 22 页。

图 28.76　五代—北宋《法华经普门品变相图》

中期宋、元为石窟造像、绘画、版刻并存,内容上除沿袭了早期的"救六难或八难"的题材和构图形式外,在版刻上更是出现了依据《观世音菩萨普门品》整个内容的"救七难"和三十三应身图。后期明、清以版刻为主,间有绘画和壁画,基本以右文左图形式展示《观世音菩萨普门品》,偶有观音菩萨居中,两边对称排列"救八难"形式的壁画和绘画。依据沙武田的研究,《观世音菩萨普门品》在明、清时期以绘画和壁画形式出现的并不多见。

因笔者所知有限,经查阅相关资料与田野调查,《观世音菩萨普门品》出现较多的地区是华北地区,如山西省大同市观音寺、北京市延庆后庙村观音殿等。

山西省大同市观音寺,东山墙 12 幅壁画为《观世音菩萨普门品》之偈颂部分的经变图,西山墙 12 幅壁画为观音菩萨十二大愿图[1]。因此大同市这堂观音殿的绘画风格与

---

[1]　邓星亮:《大同观音堂壁画》,《山西大同大学学报(社会科学版)》2015 年第 5 期。

蔚县所有的观音殿相差较大,而且同时表现《观世音菩萨普门品》中的12幅救难图与蔚县民间的"救八难"区别明显。

北京市延庆区后庙村观音殿,仅存西山墙壁画,东山墙已重修。西山墙上部为4幅《观世音菩萨普门品》中的"救难"图,下部为9尊罗汉[1]。此风格与蔚县观音殿壁画基本一致。

蔚县观音殿《观世音菩萨普门品》中的"救八难",一般只有8幅,而《观世音菩萨普门品》所描述的难有12种,即"救七难、解三毒、应二求"。蔚县观音殿在壁画内容、榜题形式上却出现了较多的组合与变化。因此,蔚县观音殿中种类丰富的观音"救八难"题材壁画,为研究此类壁画的流传与演变提供了丰富的资料。

三、蔚县《善财童子五十三参图》数量多,为研究国内同类题材提供了珍贵的样本

蔚县观音殿中遗留了两堂较为完整的《善财童子五十三参图》和一堂损毁较为严重的《善财童子五十参图》,在国内县级行政区中数量较多。

(一)《善财童子五十三参图》绘制时间与民间信仰流传

目前国内现存的《善财童子五十三参图》,主要分布在明清两代宣镇长城地区,如蔚县司家注观音殿、上苏庄观音殿、苏贾堡观音殿,怀安县昭化寺三大士殿,涿鹿县广恩屯村观音堂,北京延庆张山营村娘娘庙。此外,华北地区还有山西省平遥双林寺。国内其他地区有青海省海东市乐都瞿昙寺,四川成都新都龙藏寺、邛崃盘陀寺等。另外,还有山西洪洞县广胜下寺大雄宝殿山尖绘画、太原崇善寺临摹本等。图像绘制时间如下表:

表28.2 国内现存观音殿善财童子五十三参图绘制时间统计表

位置、名称	寺庙创建/重修时间	善财童子五十三参图粉本时间(推测)	备 注
河北蔚县司家注观音殿	清康熙三十七年创建	清代早期	
河北蔚县上苏庄观音殿	清中期	清代中期	
河北蔚县苏贾堡观音殿	明嘉靖三十六年创建	清代早期	
河北怀安县昭化寺三大士殿	明洪武二十五年	明代	
河北涿鹿县广恩屯村观音堂	明嘉靖三年创建/崇祯十一年重修	明末粉本/清代重绘	
北京延庆张山营村娘娘庙		清代中晚期[2]	

---

[1] 北京市文物局图书资料中心、延庆县文化委员会:《北京延庆古代寺观壁画调查与研究》,北京燕山出版社,2012年,第83~84页。

[2] 北京市文物局图书资料中心、延庆县文化委员会:《北京延庆古代寺观壁画调查与研究》,北京燕山出版社,2012年,第87页。

位置、名称	寺庙创建/重修时间	善财童子五十三参图粉本时间（推测）	备注
山西平遥双林寺千佛殿、菩萨殿		明天顺年间〔1〕	
青海乐都县瞿昙寺	明洪武二十四年	明洪武二十四年〔2〕	
四川成都新都龙藏寺	明成化十二年	明成化十二年〔3〕	
四川邛崃盘陀寺	明正统二年	景泰七年至天顺年间〔4〕	
山西洪洞县广胜下寺大雄宝殿山尖	元至大二年	元至大二年〔5〕	清末民初时被切割运往美国
山西太原崇善寺	洪武二十四年	洪武二十四年〔6〕	清同治三年焚毁，仅存临摹本。

从遗留的12堂善财童子五十三参壁画或临摹本来看，其绘制或重绘时间没有晚于清代中期者，粉本则更早。由此可知，《善财童子五十三参图》壁画在民间流行的主要时间是从明代至清中期，有明一代应是流传的鼎盛时期，至清代《善财童子五十三参图》在民间逐渐减少，清中期后再未发现新绘的《善财童子五十三参图》。这也是为什么观音殿壁画如此丰富的蔚县，也仅遗留有3堂的原因。

（二）蔚县3堂《善财童子五十三参图》记录了这一题材逐渐民间化的轨迹

蔚县遗留的宋家庄镇上苏庄观音殿、西合营镇司家洼观音殿与下宫村乡苏贾堡观音殿中的《善财童子五十三参图》，从绘画风格、人物形象等几方面考察，是完全不同的3个粉本。其中，宋家庄镇上苏庄观音殿中的更加民间化，参拜场景中几无宫殿类建筑，善财参拜的人物或站立，或打坐，随从人物少。司家洼观音殿的随从人员数量与上苏庄的相似，但参拜场景常常发生在宫殿中，相对来看气氛较为庄严。苏贾堡观音殿善财参拜场景气氛庄严，随从人物环绕，宫殿壮观，虽然与《善财童子五十三参图赞》中的场景相比还欠缺一些，但已比较正规（图28.77）。从各庙创建时间来看，苏贾堡观音殿创建于嘉靖三十六年（1557），司家洼观音殿创立于康熙三十七年（1698），上苏庄观音殿未见纪年，但从绘画风格来看推测是清代中晚期。各殿壁画虽然后期会有重绘，但可能都会沿续建庙时的粉本或绘画风格。因此，蔚县三处观音殿中的《善财童子五十三参图》从粉本上考察，体现了逐渐民间化的过程，依次为苏贾堡观音殿、司家洼观音殿（图28.78）到上苏庄观音殿（图28.79）。

〔1〕 王英侯、慧明：《河北涿鹿观音殿〈善财童子五十三参〉壁画时间考证》，《文物世界》2019年第1期。
〔2〕 董华锋：《瞿昙寺善财童子五十三参壁画及汉藏文化交流相关问题补论》，《藏学学刊》2015年第2期。
〔3〕 李静杰、谷东方、范丽娜：《明代佛寺壁画善财童子五十三参图像考察——以成都与张家口的实例为中心》，《故宫学刊》2012年第1期。
〔4〕 李静杰、谷东方、范丽娜：《明代佛寺壁画善财童子五十三参图像考察——以成都与张家口的实例为中心》，《故宫学刊》2012年第1期。
〔5〕 董华锋：《瞿昙寺善财童子五十三参壁画及汉藏文化交流相关问题补论》，《藏学学刊》2015年第2期。
〔6〕 董华锋：《瞿昙寺善财童子五十三参壁画及汉藏文化交流相关问题补论》，《藏学学刊》2015年第2期。

图 28.77 下宫村乡苏贾堡观音殿东壁

图 28.78 西合营镇司家洼观音殿东壁·参具足优婆

图 28.79　上苏庄观音殿西壁·第四参具足优婆夷

　　明清时期同属于宣镇长城地区的河北张家口涿鹿县广恩屯村也有此类题材壁画（图 28.80）。当地文物工作者根据香炉及碑刻推断，观音殿始建于嘉靖三年（1524），后于崇祯十一年（1638）重修，殿内的壁画很可能绘于明末，清代应有过修补。从绘画中参拜场景的庄严性与人物数量来看，应略早于宋家庄镇上苏庄观音殿、西合营镇司家洼观音殿的壁画。

　　（三）与国内其他地区《善财童子五十三参图》相比，在图像表现特征上有区别

　　目前国内遗留的寺庙内所绘《善财童子五十三参图》壁画，有以蔚县为代表的河北张家口与北京延庆的连环画式构图，青海省乐都县瞿昙寺连环画式构图；有以四川成都新都

图 28.80　河北省涿鹿县广恩屯村观音殿壁画

龙藏寺、邛崃盘陀寺为代表的长卷式构图;以及山西省平遥双林寺千佛殿和菩萨殿两殿前檐下及窗楣上所绘的《善财童子五十三参》绘画。各图在一定程度上反映了地域特征。而壁画内容详略、表述思想多寡、艺术水准高低方面,则与寺院所在位置及其经济实力密切关联。

蔚县上苏庄观音殿与司家洼观音殿中的《善财童子五十三参图》,采用界格形式划分诸场景,每一场景皆有榜题,书写参访次第、场所、善知识名称,画面呈连环画式展开,利于观者了解图像内容和先后次序。由于连环画式构图的《善财童子五十三参图》见于宋代折页画,应用在壁画上,不免带来刻板、生硬的视觉效果。因此,在壁画各个场景中的善知识或以正面或以侧面的形象表现,参访者善财童子一概采用侧面合掌礼拜形式,配置在画面的左前方或右前方,与被参访者呼应。画面往往以山坡为背景,或以建筑为远景以山坡为近景构图。而蔚县上苏庄观音殿中的背景描写只有少数场景符合故事情节,多数场景则不符,这种情况可以看作是粉本制作者习惯性处理所致。不少场景同时出现两人或三人模样相似的被参访善知识,难以区分到底何人为善财所参访者。有些场景,在善财童子与被参访者之间区域,采用正面像形式表现一位与故事情节无关的人物。之所以如此设置图像,显然出于粉本制作者之喜好。

而同属华北地区的太原崇善寺明代五十三参图像册页画,为崇善寺大雄宝殿两翼长廊壁画摹本,从册页画表现形式可以推定其粉本壁画为连环画式构图。以蔚县为代表的河北张家口及北京延庆的连环画式构图与太原崇善寺五十三参册页画,可以看作代表了明清两代宣镇地区乃至北方此类图像的风貌。前者图像内容简略、人物造型与构图程序化倾向显著,往往难以明确地反映相应经典教义。而太原崇善寺的图像内容充实、背景描写与人物造型丰富多彩,大多比较准确地反映了相应经典教义。无疑,画工技能成为导致这种差异的直接原因,根本原因亦存在于两类寺院的经济实力差距,地处山区狭小的观音殿与坐落在太原市内大规模的崇善寺的经济实力，显然是不可同日而语的。

成都新都龙藏寺与邛崃盘陀寺壁画《善财童子五十三参图》采用长卷式构图，利用自然景物和建筑区分各个场面，情节过渡自然，画面浑然一体，避免了因场面分界带来生硬的视觉感。追本溯源，在四川安岳石羊华严洞两宋之际石窟、重庆大足大佛湾圆觉洞南宋石窟，左右两壁圆雕圆觉菩萨上方，浮雕《善财童子五十三参图》亦呈长卷式展开，场面之间由自然景物和建筑自然分割，呈现舒展的一体化视觉效果。

（四）与国内其他地区善财童子五十三参图相比，在内容与榜题上有区别

与《善财童子五十三参图赞》相比，上苏庄观音殿的顺序与其一致，这其中只有部分榜题对善知识的称谓不一致。

司家洼观音殿是将骑狮文殊师利菩萨放到东壁的内侧，这与成都新都龙藏寺壁画、邛崃盘陀寺壁画中的排序有相似点，但因司家洼观音殿中未见乘象普贤菩萨，所以两处是否有共同特点还无法比较。

明清两代同属宣镇长城地区的延庆张山营娘娘庙中的与《善财童子五十三参图赞》相比，榜题内容出入较大，说明延庆张山营娘娘庙中的粉本更加民间化，画匠在创作时也更加以自己的理解为主，随意性更强。

上苏庄观音殿与司家洼观音殿的图中，榜题虽都有参访次第、场所、善知识名称，但风格却不一致。上苏庄观音殿中采用的是第几参，而司家洼观音殿中采用的是第几诣，而且每一榜题前加主语善财童子。此描述方式与平遥双林寺中的类似，如"善财童子第六诣住林城恭"，不同的是平遥双林寺榜题中缺少参拜的善知识。

表28.3　上苏庄、司家洼观音殿五十三参图榜题与其他版本的五十三参图内容对照表

	上苏庄观音殿	司家洼观音殿	延庆张山营娘娘庙	《善财童子五十三参图赞》
1参	第一参南方胜乐国妙峰参德云比丘	初诣婆罗林中参文殊师利菩萨	一参塔塔光	德云比丘
2参	第二参南方海门国参海云比丘	善财童子第二诣妙峰山参德云比丘四□	二参德云长者	海云比丘
3参	第三参南方楞伽道参善住比丘	善财童子第三诣海门国参海云比丘	三参海云比丘	善住比丘
4参	第四参南方达里白界荼国自在城参弥伽大士	善财童子第四诣楞伽道傍参善住比丘		弥伽人
5参	第五参南方住林城参解脱长者	善财童子第五诣达里荼国参弥伽长者	五参弥伽长者	解脱长者

	上苏庄观音殿	司家洼观音殿	延庆张山营娘娘庙	《善财童子五十三参图赞》
6参	第六参南方闫浮提畔摩利伽罗国参海幢比丘	善财童子第六诣住林城参解脱长者	六参德满千普光	海幢比丘
7参	第七参南方海潮普庄严园参休舍优婆夷	善财童子第七诣摩利伽罗国参海幢比丘		休舍优婆夷
8参	第八参南方海潮那罗素国参毗目瞿沙仙人	善财童子第八诣海潮处园林参休舍优婆	八参潮婆女娘娘	毗目瞿沙仙人
9参	第九参南方伊萨沙那参胜热婆罗门	善财童子第九诣那罗素国毗目瞿沙仙人	九参瞿沙仙人神	胜热婆罗门
10参	第十参南方师子奋迅城参慈行童女	善财童子第十诣伊沙聚落参胜热婆罗	十参热（烖）菩萨	慈行童子
11参	第十一参南方三眼国参善见比丘	善财童子第十一诣师子奋城参慈行童子	十一参慈行童子	善见比丘
12参	第十二参南方名闻国参自在主童子	善财童子第十二诣三眼国参善见比丘	十二参慈见比丘神	自在主童子
13参	第十三参南方海住大城参具足优婆夷	善财童子第十三名门河渚中参自在童子	十三参自在童子	具足优婆夷
14参	第十四参南方大兴城参明智居士	善财童子第十四诣海住城中参具足优婆	十四参具足优婆夷	明智居士
15参	第十五参南方师子宫城参法宝髻长者	善财童子第十五诣大兴城参明智足士	十五参明簪（智）居士	海宝髻长者
16参	第十六参南方藤根国普门城参善眼长者	善财童子第十六诣师子宫城参宝髻长者	十六参宝髻长者	普眼长者
17参	第十七参南方多罗幢城参无厌足王	（榜题毁）	十七参菩眼优夷	无厌足王
18参	第十八参南方妙光城参大光王	善财童子第十八诣多罗幢国参无厌足王		光大王
19参	第十八参安住王都参不动优婆夷	善财童子第十九诣妙光城参大光王		不动优婆夷
20参	第二十参南方无量□□罗大城参行外道	善财童子第二十诣安住城参不动优婆	二十参不动优婆夷	偏行外道
21参	第二十一参南方广大国参□□香长者名优钵罗花	善财童子第二十一诣都萨罗威参遍行外道	二十一参遍外道仙人	优钵罗华长者
22参	第二十二参南方楼阁城参婆施罗船师	善财童子第二十二诣广大国参优钵罗花长者	二十二参优花长者	婆施罗船师

	上苏庄观音殿	司家洼观音殿	延庆张山营娘娘庙	《善财童子五十三参图赞》
23 参	（榜题模糊）	善财童子第二十三诣楼阁城中参船师婆	二十三参船师婆女神	无上胜长者
24 参	第二十四参南方□那国迦陵迦林城参师子频□比丘尼	善财童子第二十四诣可乐城中参无上圣长者	二十四参无上胜长者	师子频申比丘尼
25 参	第二十五参南方□□□宝严城参婆须□□	善财童子第二十五诣输那国参师子频坤比丘	二十五参频申比丘	婆须蜜多女
26 参	第二十六参南方□□□城□□月罗居士	善财童子第二十六诣崄难国中参婆须□女		鞞瑟胝罗居士
27 参	第二十七参南方□恒洛迦山参观自在菩萨	善财童子第二十七诣善度城参鞞瑟胝罗居士		观自在菩萨
28 参	第二十八参东方正趣菩萨妙藏世界普胜生佛国	善财童子第二十八诣□陀迦山参观自在		正趣菩萨
29 参	第二十九参南方堕买钵底城参大天神四取四手大水	善财童子第二十九三光□□□□参正趣菩萨		大天神
30 参	第三十参南阎浮提摩蝎提国菩萨场中参安住主地神	善财童子第三十诣隋罗钵底城参大天神长者		安住地神
31 参	第三十一参摩竭提国迦毗买城参婆珊婆演底主夜神	善财童子第三十一诣菩提场安住地神		婆珊婆演底主夜神
32 参	第三十二参摩竭提国菩萨场中参普德净光主夜神	善财童子第三十二诣迦毗罗城婆珊□演主夜神		普德净光主夜神
33 参	第三十三参普提场右参喜目观察众生夜神	善财童子第三十三诣普提场参普德净光主夜神		喜目观察众生主夜神
34 参	第三十四参普椷众生妙德夜神	善财童子第三十四不离菩萨场参喜目观察众生主夜神		普救众生妙德主夜神
35 参	（榜题模糊）	善财童子第三十五即众会中参普救众生妙德主夜神	三十五参普救众住善人	寂静音海主夜神
36 参	第三十六参菩提场如来会中参参守护一切众生主夜神	善财童子第三十六即道场中参寂静音海主夜神	三十六参天王大法神	守护一切城主夜神
37 参	第三十七参佛会中参开敷一切树花主夜神	善财童子第三十七诣如来会中参守护一切城主夜神	三十七参善住施者	开敷一切树华主夜神

	上苏庄观音殿	司家洼观音殿	延庆张山营娘娘庙	《善财童子五十三参图赞》
38参	第三十八参佛会中参大赖精进力救护众生夜神	善财童子第三十八诣佛会中参敷禾花生夜神		大愿精进力救护众生主夜神
39参	第三十九参□□圆满神	善财童子第三十九诣□场参大愿精进力救护众生主夜神	三十九参正耀明神	妙德圆满神
40参	第四十参迦毗罗城参释迦瞿婆	善财童子第四十诣妙毗岚园中参妙德圆满主夜神		释种瞿姿女
41参	第四十一参摩耶夫人	善财童子第四十一诣法界讲堂参释种瞿波女		佛母摩耶
42参	（榜题模糊）	□□□□第四十二□□□□□参佛母□□		天主光天女
43参	（榜题模糊）	善财童子第四十三诣三十三天上参天主光天女		童子现偏友主
44参	（榜题模糊）	善财童子第四十四诣迦毗罗城参童子师偏友		善知众艺童子
45参	（榜题模糊）	善财童子第四十五诣不离当处参善知众艺童子		贤胜优婆夷
46参	第四十六参沃田城参坚固解脱长者（榜题模糊）	善财童子第四十六诣婆嘴那城参贤胜优婆		坚固解脱长者
47参	第四十七参妙月长者（榜题模糊）	善财童子第四十七诣沃白城参坚固解脱长者		妙月长者
48参	第四十八参出生城参无胜军长者（榜题模糊）	善财童子第四十八即□城中参妙月长者	四十八参妙月长者	无胜军长者
49参	（榜题模糊）	善财童子第四十九诣出生城参无胜军长者	四十九参胜军长者	最寂静婆罗门
50参	第五十参妙意华门城□□□□□□□□（榜题模糊）	善财童子第五十即此城南法聚落参最寂静婆罗		德生童子有德童子
51参	（榜题模糊）	（榜题毁）		弥勒菩萨
52参	（榜题模糊）	善财童子诣毗卢处楼阁参弥勒菩萨	五十二参如登长者	文殊师利菩萨
53参	（榜题模糊）		五十三参普贤救童子	普贤菩萨

　　成都新都龙藏寺、邛崃盘陀寺中的《善财童子五十三参图》是迄今所知南方仅存的此类壁画。其中，龙藏寺的图像内涵丰富、制作精良，是四川明代壁画的代表，但题记缺乏参

访次第、善知识名称、所得法门记述（图 28.81）。邛崃盘陀寺的图像比较简略、单调，只有少许题记标明参访次第、善知识名称，能够识别的场景有限[1]。

图 28.81　成都新都龙藏寺中殿西壁·善财童子第五参弥伽

与北方的《善财童子五十三参图》相比，南方的图中缺少榜题，或榜题不完整，一定程度上也制约了《善财童子五十三参图》的世俗化，同时也大大增加了对其内容的研判难度。

---

[1]　李静杰、谷东方、范丽娜：《明代佛寺壁画善财童子五十三参图像考察——以成都与张家口的实例为中心》，《故宫学刊》2012 年第 1 期。